南京大学中国语言战略研究中心
语言资源与语言规划丛书

徐大明　方小兵　主编

文字与社会导论

Writing and Society: An Introduction

［德］弗洛里安·库尔马斯（Florian Coulmas）　著

阎　喜　译

战　菊　审订

国家"双一流"建设学科"南京大学中国语言文学艺术"资助项目
江苏高校优势学科建设工程"南京大学中国语言文学"资助项目
江苏省2011协同创新中心"中国文学与东亚文明"资助项目

外语教学与研究出版社
北京

京权图字：01-2018-8073

图书在版编目 (CIP) 数据

文字与社会导论／（德）弗洛里安·库尔马斯（Florian Coulmas）著；阎喜译. ——北京：外语教学与研究出版社，2018.12（2019.12 重印）
（语言资源与语言规划丛书／徐大明，方小兵主编）
ISBN 978-7-5213-0585-2

Ⅰ. ①文… Ⅱ. ①弗… ②阎… Ⅲ. ①社会语言学－研究 Ⅳ. ①H0-05

中国版本图书馆 CIP 数据核字 (2019) 第 003762 号

出 版 人　徐建忠
责任编辑　张立萍
责任校对　鞠　慧
封面设计　高　蕾
出版发行　外语教学与研究出版社
社　　址　北京市西三环北路 19 号（100089）
网　　址　http://www.fltrp.com
印　　刷　北京虎彩文化传播有限公司
开　　本　710×1010　1/16
印　　张　11
版　　次　2018 年 12 月第 1 版 2019 年 12 月第 2 次印刷
书　　号　ISBN 978-7-5213-0585-2
定　　价　45.00 元

购书咨询：（010）88819926　电子邮箱：club@fltrp.com
外研书店：https://waiyants.tmall.com
凡印刷、装订质量问题，请联系我社印制部
联系电话：（010）61207896　电子邮箱：zhijian@fltrp.com
凡侵权、盗版书籍线索，请联系我社法律事务部
举报电话：（010）88817519　电子邮箱：banquan@fltrp.com
物料号：305850001

和谐语言生活　减缓语言冲突

——序"语言资源与语言规划丛书"

　　语言（也包括文字）职能主要分工具和文化两大范畴，且这两大范畴又都有显隐二态。就工具范畴看，语言作为显性的工具是用于交际，作为隐性的工具是用于思维。就文化范畴看，语言既是文化的重要组成部分，同时也是文化最为重要的承载者，这是语言的显性文化职能；语言的隐性文化职能是起到身份认同、情感依存的作用。

　　百余年来，中国因语言国情所定，一直侧重于从显性工具的角度规划语言，要者有四：其一，统一民族语言和国家语言，消减因方言、语言严重分歧带来的交际障碍。其二，进行汉字的整理与改革，为一些少数民族设计文字或进行文字改革，当年还为这些文字全力配置印刷设备，近几十年专心于进行面向计算机的国际编码，使中华语言文字进入电子时代。其三，探索给汉语拼音的各种方法，最终制定了《汉语拼音方案》，使国家通用语言有了优越的拼写和注音工具。其四，大力开展外语教育，以期跨越国家发展中的外语鸿沟。这些语言规划，保证了国家政令畅通，为各民族、各地区甚至为海内外的相互交流提供了方便，为国家的信息化奠定了基础，为建设中华民族共有的精神家园做出了贡献。

　　这些语言规划主要是改善语言的工具职能，当然也兼及语言的文化职能，比如一些少数民族的语音、文字规范化工作等。当今之时，普通话作为国家通用语言，已经成为毋庸置疑的强势语言，全国已有70%左右的人口能够使用；文化大发展大繁荣已是响彻大江南北的时代强音。当此之时，当此之世，语言规划也应当以时以势逐渐调适：国家通用语言文字的工作重心应由"大力推广"向"规范使用"转变；语言规划在继续关注语言工具职能的同时，要更多关注语言的文化职能。

　　规划语言的文化职能，首先要坚持"语言平等"的理念。语言平等是民族平等的宪法精神在语言政策、语言观念上的体现。要尊重各民族的语言文字、珍重各民族的方言，同时也要平心对待外国语言文字。

其次要具有"语言资源"意识。中华民族的语言文字（包括方言土语），贮存着中华民族的历史过程和"文化基因"，镌刻着"我是谁？我从哪里来？"的文化身世说明书，滋养着弥足珍贵的非物质文化遗产，必须科学卫护她，传承研究她，开发利用她。

再次要理性规划"语言功能"。由于历史上的多种原因，各语言的发育状态和能够发挥的语言职能是有差异的，比如，在使用人口多少、有无方言分歧、有无民族共同语、有无文字、拥有的文献资料、适用的社会领域等方面，都各不相同或者大不相同。因此，应在"语言平等"理念的基础上，根据语言的实际状态进行合理有序的语言功能规划，使各种语言及其方言在语言生活中各自发挥其应当发挥的作用。

最后要遵循"自愿自责，国家扶助"的方针。民族区域自治制度是中国的基本政治制度之一，宪法规定"各民族都有使用和发展自己的语言文字的自由"，各民族如何规划自己的语言，民族自治地方如何规划自己的语言生活，应当按照本民族本地方的意愿进行决策，并为这些决策负责。当在进行和实施这些决策而需要国家帮助时，国家应依法提供智力、财力等方面的援助与扶持。

中国是多民族、多语言、多方言、多文字的国度，拥有丰富的语言文字资源，但也存在着或显或隐、或锐或缓的多种语言矛盾。对这些语言矛盾认识不足，处理不当，就可能激化矛盾，甚至发生语言冲突，语言财富变成"社会问题"。语言矛盾是社会矛盾的一种，也是表现社会矛盾的一种方式，甚至在某种情况下还是宜于表现社会矛盾的一种方式。近些年，中国的各项改革都进入了"深水区"，语言矛盾易于由少增多、由隐转显、由缓变锐，许多社会矛盾也可能借由语言矛盾的方式表现出来，因此，中国也可能进入了语言矛盾容易激化甚至容易形成语言冲突的时期。

在这一新的历史时期，科学地进行语言规划，特别是重视对语言文化职能的规划，重视从语言的隐性文化职能上进行语言规划，就显得尤其重要。这就需要深入了解语言国情，工作做到心中有数，规划做到实事求是；这就需要着力研究语言冲突的机理，透彻剖析国内外语言冲突的案例，制定预防、处理语言冲突的方略，建立解决语言矛盾、语言冲突的有效机制；这就需要密切关注语言舆情，了解社会的语言心理及舆论动向，见微知著，提高对语言冲突的防范应对能力。当然从根本上来说，还是要提高全社会的语言意识，树立科学的语言观，特别是树立科学的语言规范观和语言发展观，处理好中华各语言、各方言之间的关系，处理好本土汉语与域外汉语的关系，处理好母语与外语的关系，构建和谐的语言生活，并通过语言生活的和谐促进社会生活和谐。

中国的改革开放表现在方方面面，但更重要的是思想上、学术上的改革开放。语言规划是社会实践活动，同时又是一门科学。徐大明先生具有中外语言学背景，不仅自己学有专攻，而且数年来一直致力于中外的学术交流与合作，具有学力、眼力和行动力。他所主持的"语言资源与语言规划丛书"此时出版，恰得其时，相信能为新世纪的中国语言规划起到重要的学术借鉴作用。

李宇明

2012 年 12 月 12 日

序于北京惧闲聊斋

中文版前言 [①]

　　一种观点认为，希腊字母或由其衍生的罗马字母是世界上最好的文字系统。这种观点是西方关于文字的一种固定思维模式，并不能体现意识形态的优越性。在过去的五个多世纪里，人们认为对获取知识影响最大的语言大都是用拉丁字母写成的，而且它的大部分使用者不知道其他任何文字系统。这种观点便由此产生。在这五个多世纪里，欧洲率先进行了社会转型，也就是现在通常所说的"现代化"，随之出现了"社会文字"浪潮，有关文字的研究在将语言作为一种具有社会指示性的交际方式的研究中较少被承认。自从20世纪60年代社会语言学成为一门独立学科以来，社会语言学家几乎只关注口语。这是我写本书的主要原因。

　　也许是因为用罗马字母拼写的语言（比如英语、法语、西班牙语、意大利语和德语等）的文字似乎更接近口语，与此同时，也影响了口语，所以现代结构语言学家大多忽视了文字这一研究对象。在欧洲和美国，社会语言学从一开始就沿着这条道路进行研究。

　　在以中文为中心的世界里，将文字排除在语言系统研究之外的做法不能令人信服，这一点不像以字母为中心的世界之前的做法。因为文字影响了我们在日常生活和学术研究中理解语言的方式，所以汉字的本质及其衍生出来的其他文字系统可能形成了这种不同于音素文字的差异。与音素文字不同，人们不大可能认为汉字影响了口语。同样，文字不应该"仅仅"被看作口语的一种表现形式。

　　最近社会经济和科技的发展已经证明，音素文字比其他文字系统更适合现代生活的观点是错误的。书面语显得越来越重要，我们在最近几十年里也看到了，全世界的识字率在不断上升。在科技创新的驱动下，新的书面交际形式不断出现，我们在网络空间看到比过去更多的语言、文字系统、文本、风格和语类。有关文字与社会的研究也达到了一个全新的层面，并且变得更加重要。

---

① 本书脚注包含原书注释和译者注，下文不再注明。

因此，本书能出版中文版，我感到非常欣慰。汉字拥有源远流长的历史并且从未中断过，当今汉字的广泛使用必将引起更多关于"文字与社会"之间多重关系的研究。

弗洛里安·库尔马斯

2017 年 11 月

目　录

插　图

表　格

英文版前言

文字系统和书面语非常复杂而又奇妙，表现了人类的聪明才智和人类创造自己世界的决心。如果语言是人类与生俱来的、独有的特征，那么文字则是人类最重要的发明。文字在我们的日常生活中无处不在，人们想知道，使用文字的目的何在？文字和口语如何联系到一起？文字对社会组织和发展产生了什么影响？没有文字的语言和有文字形式及书写传统的语言相比，有何不同？在20世纪的语言学研究中，人们都认为文字不重要。如果我们将注意力转向语言行为的社会方面、一个社会的语码库以及不同语言交际方式之间的分工，那么我们会发现，事实远非如此。从社会学的角度看，如果一种语言不同于另一种语言，那么语言这一概念必定与文字紧密相连。我们想要理解一种语言的社会功能，就必须考虑它的口语和文字，以及两者之间多方面的互动。

本书记录了我对书面语和文字在社会中作用的观察与思考。由于各种历史原因（见第1章），社会语言学家对文字不是很感兴趣，也没有过多地研究文字。但现在，无论是遵循严格教规的修道士，还是许多年轻的群体，都是写的比说的多。文字已经从一种专业技能演化成一种大众传播方式。我们只有把文字看作语言生态的一个重要组成部分，才能充分描写和分析社会环境中与交际相关的部分。这既有理论方面的原因，也有实践方面的原因，但主要是因为后者。人类稳定地向前发展，当今生活中有更多领域依赖于书面交际，涉及交际行为、语言社会化、学习和获取知识的方式以及社交网络形成与维持等多方面的变化。媒体革命不仅仅是一句时髦话，它已是一种我们必须适应的现实。在这一现实中，文字至关重要。我们只是刚刚开始了解许多正在发生的变化，所以本书并不是总结一个相当成熟的领域已有的研究成果，而只是为社会中的文字研究这一正在兴起的领域提供一个研究视角。

致 谢

本书第 2 章"历史上的语言景观与公共领域的出现"与我在艾拉娜·肖哈米（Elana Shohamy）和德克·戈特（Durk Gorter）主编的《语言景观：扩大景观》（*Linguistic Landscape: Expanding the Scenery*，伦敦：劳特利奇出版社，2009 年）中发表的一篇文章（第 13—24 页）重合。第 4 章"读写能力和不平等性"和第 6 章"文字改革"使用了我和费德里卡·格里尼（Federica Guerini）在伯纳德·斯波斯基（Bernard Spolsky）主编的《剑桥语言政策手册》（*The Cambridge Handbook of Language Policy*，剑桥大学出版社，2012 年）中共同发表的一篇题为《读写能力和文字改革》（Literacy and Writing Reform）的文章（第 437—460 页）里的部分章节。第 5 章"文字社会"使用了我在帕特里克·霍根（Patrick C. Hogan）主编的《剑桥语言科学百科全书》（*The Cambridge Encyclopedia of the Language Sciences*，剑桥大学出版社，2011 年）中发表的一篇题为《口语和文字的社会实践》（Social Practices of Speech and Writing）的文章（第 35—45 页）里的材料。感谢出版商允许我使用这些材料。

感谢特莎·卡罗尔（Tessa Carroll）通读整个书稿，我从她的评论和建议中受益颇多。特别感谢克劳斯·哈默（Claus Harmer）在插图上为我提供帮助。

第 1 章　文字的专制与口语的统治

　　尽管联合国教科文组织（UNESCO）的统计数据显示，2010 年世界有七亿九千万成年文盲，而且这一数字已超过了欧盟人口数量，但是我们生活在一个文字时代，事实确实如此。即使在亚非等成年文盲集中的国家，口头文化也不再被看作读写文化之外的另一种可行的选择、一种不同的生活方式或一种可维持的偏好。如果说过去没有文字的生活是"乐园"的话，那么现在没有文字的生活则是"失乐园"。在当今这个时代，读写对于人们参与社会生活具有不可或缺的作用。毋庸置疑，读写能力在很大程度上决定了一个人的生活机遇。这一点对整个世界适用，对发达国家而言更是无须辩驳。在这些国家，文盲现象令人愤慨，它将少数弱势群体排除在主流社会之外，是一种社会不公正的现象。书面语主动或被动地成为每个人日常交际行为的一部分。对文盲而言，书面语成为一道难以逾越的障碍。因此现在人们主张，读写是人们都应享有的一项人权。①

　　文字已存在了至少五千年。尽管目前世界上只有一些地区实现了教育普及，但是文字对语言的影响由来已久。事实上，无论是在日常对话中还是在学术界，人们总不能清楚地区分文字和语言。为了消除此困惑并确立语言学的研究对象，现代语言学一直强调口语，而将文字边缘化，这或许可以理解。因为人们生下来能说而不能写，所以学者们反复强调，语言学应该研究自然语言，即人们与生俱来的语言能力。据此，语言学忽视文字。简单回顾这种观点的起源，有助于我们了解它的价值，以及它对语言学和社会语言学理论产生的影响。

　　这种观点可以追溯到结构语言学两位举足轻重的奠基人：费尔迪南·德·索绪尔（Ferdinand de Saussure）②和莱昂纳德·布龙菲尔德（Leonard

---

① 《世界人权宣言》(Universal Declaration of Human Rights) 第 26 条规定："人人都有受教育的权利，教育应当免费，至少在初级和基本阶段应如此。"（www.un.org/en/documents/udhr/index.shtml#a26）这是从人权途径表达读写能力话语的基础，因为读写能力是所有人基础教育的核心，对确保可持续发展和消除贫困至关重要。

② 费尔迪南·德·索绪尔 (1857—1913)，瑞士语言学家，被誉为"现代语言学之父"，代表作有《普通语言学教程》，英文版已由外语教学与研究出版社引进出版。本书有关索绪尔《普通语言学教程》相关内容的翻译参阅了高名凯翻译的《普通语言学教程》（北京：商务印书馆，1980 年）。

Bloomfield)①。虽然这两位学者有各自不同的原因,但他们都为建立与历史语言学相对立的共时语言学奠定了基础,并充分阐释了在语言科学研究中要分离出文字的道理。

索绪尔反对文字的观点

索绪尔有一个影响深远的成就,他将语音学建立为结构语言学的基石。他在《普通语言学教程》(*Course in General Linguistics*)第 7 章《语音学》开篇使用了一个非常形象的比喻:"假如一个人从思想上去掉了文字,他失去了文字可以感知的形象,就会面临一堆没有形状而令人不知所措的东西,这就好像初学游泳的人被拿走了救生圈一样。"(Saussure 1978:32)但是,正因为如此,他觉得有必要实现理解结构的目标。他认为结构内含有"一堆没有形状而令人不知所措的东西",而文字对语音不完美的表现并不会损害和扭曲结构。他解释称语言学家应该进行深入的研究,而不应该受文字的羁绊。他以法国城镇欧什(Auch,读作 [ɔ: š])的地名为例,表达对"文字专制"的不满,认为"正字法并不重要"(Saussure 1978:31)。在这一背景下,索绪尔对拼写给语言带来的影响和改变表示失望。他所关注的是确保语言学家研究他们想要研究的,而不是研究一些已扭曲的图像。

索绪尔认为,对于像他那样有文化的人,除非是受过训练的语言学家,更倾向于重视永久稳定的文字,而不是安东尼·伯吉斯(Anthony Burgess 1992)所说的"一嘴空气",而且倾向于将语言看作各个单位的视觉图像。语言通过书籍、词典和语法进行传授,并引起人们思考。索绪尔清楚地看到,文字在很大程度上影响了人们对语言的认识。人们简单地把拉丁字母看作一套字母和声音一一对应的文字系统,这加剧了人们混淆两者的趋势。索绪尔担心(这种担心是正确的)文字会模糊我们对语言这一完全抽象的价值体系的认识,因为它"与语言内部系统无关"(Saussure 1978:23),所以我们在语言分析中应该将文字排除。他的结论是"语言学研究的对象不是词语的书面和口语形式,而是只有口语形式才构成研究对象"(Saussure 1978:23f.)。

---

① 莱昂纳德·布龙菲尔德(1887—1949),美国语言学家,结构主义语言学的奠基人,代表作有《语言论》,英文版已由外语教学与研究出版社引进出版。本书有关布龙菲尔德《语言论》相关内容的翻译参阅了袁家骅、赵世开、甘世福翻译的《语言论》(北京:商务印书馆,1980 年)。

索绪尔强调，口语是语言的首要表现形式，并坚持认为，语言分析应关注抽象单位及其关系而非具体表现。这些观点逻辑缜密，以后的研究也证明，它们对语言学理论的形成与发展影响巨大，为结构主义语言学奠定了基础。但是他的有关文字的观点是错误的。第一个缺陷涉及他的断言，这在上文引用过，即文字与语言的内部系统无关。不用深入了解语言内部系统，我们就可以说，除非文字是一套独立的书写语码，否则它必定以某种方式与语言内部系统相联系，不然我们就不能从语言的视角来解释文字。但是，这似乎正是问题所在。人们能够解读文字，这就意味着人们可以在一种语言框架里，基于语音、意义和书写符号间的系统对应关系对文字进行解读。不论文字多么不够完善和晦涩难懂，文字确实与语言内部系统相联系。

索绪尔将文字排除在语言学之外，这种观点的第二个错误与第一个错误稍有不同。他承认文字影响我们对语言的认识以及语言自身。他也考虑到"在一定条件下文字可能会延缓（语言）变化过程"（Saussure 1978：24），但是他认为这只是可以忽略的不正常现象，文字只是扰乱自然发展进程的人为产物。在他的理解中，语言是一种天赋能力，语言学家的任务就是揭示"支配其演化的确切规律"（Saussure 1978：31）。他的计划是语言研究的科学化。对他来说，自然规律而非人类生活的异想天开应该能够而且可以最好地解释语言现实。他观察到"当语言和正字法存在分歧的时候……差不多总是书面形式占了上风"（Saussure 1978：25），而没有研究口语、文字和语言之间互动的原因。这使得他得出结论："文字获得不应该有的重要性"（Saussure 1978：25），应该予以忽视。回想起来，这并不奇怪，因为尽管索绪尔关注的是要为语言学成为一门科学奠定基础，但他也强调语言是"一种社会事实"（Saussure 1978：6）和"一种社会制度"（Saussure 1978：15）。我们必须详细讨论这一点。

索绪尔非常清楚，把语言看作一种天赋能力（受到自然规律的支配）与社会制度（受到人类规则和规范的支配），这二者之间存在内在的矛盾冲突。他将语言与其他制度（例如政治制度和法律制度）进行比较，因为这些制度也是符号系统，与语言有同等重要的特征。但是，他认为，语言不同于其他社会制度，这是因为它始终涉及相关社区的所有成员，而且它不能被随意改变。因此，尽管语言是一种集体产物，人为干预却不能改变它演化的进程。19 世纪，人们发现声音变化是系统的，而且遵循一定的规则，这一发现增加了索绪尔观点及其蕴含的将文字排除在语言研究之外的可信度。

布龙菲尔德反对文字的观点

与索绪尔一样，布龙菲尔德也把语言看作一种制度，认为研究语言变化很重要，"因为它提供了解释语言现象的唯一可能性"（Bloomfield 1933：281）。语言变化是连续的，但人们常常忽略这一事实，这是因为它的变化速度较慢，而且文字稳定。此外，那些研究语言的专业人士对文字怀有偏见，因为"今天我们对阅读和写作已经习以为常，所以我们经常将这些活动与语言本身混为一谈"（Bloomfield 1933：283）。这会影响人们的分析和理解，因为"即使口语形式已经历了语言演变，文字规范依然保持不变"（Bloomfield 1933：292）。不管文字规范是否发生变化、怎样变化，语言还是会变化，所以书面记录没有经过仔细解读是无法作为数据使用的。按照布龙菲尔德（Bloomfield 1933：21）的说法，它们是研究语言的"障碍"。

布龙菲尔德举出的另一个理由是，文字发明的历史并不长，"只在几个言语社区使用了较长时间……而且限于少部分人"（Bloomfield 1933：282）。他观察到"在整个历史时期，所有语言几乎都是文盲使用的"（Bloomfield 1933：21）。这一点毋庸置疑，也为他所坚持的语言分析对象首先应该是口语而非书面语提供了理由。但是他不能忽视文字对口语的影响。与索绪尔一样，布龙菲尔德讨论了口语和书面语之间的差异，认为在这方面"特别是在过去几个世纪里，大概由于识字率的提升"，"人们可能会认为还存在一个更好的与书面形式相匹配的变式"（Bloomfield 1933：487）。他评论了在一些语言中普遍存在的"书面语借词（bookish borrowing）"[①]现象，这种借词不符合词汇其他部分的语音变化模式。他进一步指出："不管作者实际上说的是什么方言，一种文学语言成为文字记载也许是非遵照和服从不可的了。"（Bloomfield 1933：292）

结构语言学两位创始人认为他们必须抵制"文字的专制"来说明语言学研究的是语言，无论其是否有书面形式，以避免文字不受控制或不受欢迎地干涉语言研究，这是因为之前的研究者经常"未能区分文字和声音"（Saussure 1978：24）。此外，两位学者都意识到，语言学家对无文字语言的关注应该不少于他们对那些具有较长书写传统的语言的关注。这一点对于布龙菲尔德来说非常重要。布龙菲尔德对美国土著居民的语言很感兴趣，而这些语言都从未以书面形式被记录或使用过。他们的建议在当时是合理的，对语言学理论的发展很重要，而且影响巨大。但是，这也使得文

---

① 指的是从古典语言借用雅词的习惯。

字因其对语言分析产生混乱影响而被排除在研究之外。鉴于索绪尔和布龙菲尔德在他们的重要著作中对文字的关注，似乎他们的意图并非如此。他们都没有否认文字社会对语言的影响，但这并不是他们想要研究的内容。紧随其后的理论语言学，在其研究范式里也没有文字的一席之地。

布龙菲尔德（Bloomfield 1933：21）所说的"文字不是语言，而是一种利用看得见的符号来记录语言的方式"成为语言学教材里经常引用的老话。将文字排除在研究对象之外几乎成了语言学的本质特征。如今，语言学界普遍接受口语优先于书面语的观点，这就可以理解了。

几十年后，莱昂斯（Lyons 1968）[1]深入研究法语和汉语等语言书面语和口语的相对独立性，以及自然习得的口语与正规学习的书面语在语法结构和词汇方面的差异。莱昂斯（Lyons 1968：41）也提到"拉丁文在欧洲中世纪和文艺复兴时期特殊的地位"，倾向于证明书面语第一位的原则，但这并没有使他和一代代的学生放弃或修正口语第一位的原则。这些学生通过学习他所撰写的影响深远的教科书而了解语言学。莱昂斯仍然觉得，他应支持索绪尔的观点，即共时语言学应该研究口语而非文字。此后，大家普遍接受这种观点。语言学入门教材通常很少提及文字和书面语。使用较广的几本教材，例如雷德福等（Radford et al. 1999）、弗罗姆金（Fromkin 2000）和马修斯（Matthews 2003）等，都没有用专门的章节讨论文字。其他的例如普尔（Poole 1999）和奥格雷迪、多布罗沃斯基和卡兰巴（O'Grady, Dobrovosky and Karanba 1997）在最后一章讨论了文字，但这一章很可能在课程结束时被一带而过。从这个意义上来说，文字的专制已被成功击败，人们普遍把口语看作语言研究的合法对象。

索绪尔和布龙菲尔德的观点是否仍然合理

索绪尔和布龙菲尔德反对将文字和语言混为一谈，也反对将文字成分加入语言描述的过程中。这两点都有道理，但是人们并没有严格遵守。[2]国际音标（International Phonetic Alphabet，IPA）是人们使用最广泛

---

[1] 约翰·莱昂斯（1932—），英国语言学家，代表作有《语义学引论》，英文版已由外语教学与研究出版社引进出版。

[2] 早在20世纪60年代，爱丁堡大学语音学系系主任戴维·阿伯克龙比（David Abercrombie）就指出，人们所声称的口语第一位并没有在语言学研究中被真正执行："我们总被告知语言学主要议题……是研究口语，在过去大约75年里，人们特别强烈地坚持这一点。但事实上，到目前为止语言学关注的几乎全是口语文本。语音学是这样，其他所有的语言学也是这样。"（Abercrombie 1963：12）

的一套语言转写系统，它源于拉丁字母。在 19 世纪 80 年代，法国成立了语音教师协会（Dhi Fonètik Tîcerz' Asóciécon, The Phonetic Teachers' Association），该协会设计了国际音标，作为转写外国语言的工具。国际音标已经过多次修改和完善，这主要是通过增加字母来表示欧洲语言里没有的语音，提供其他的语音区分方式实现的，但是文字的基本原则不变。出于分析的目的，一组连续的语音被划分成各不相同的单位，它们只是在抽象意义上与口语实证研究中的某个字母相对应。通过国际音标转写进行的口语图像化产生了一幅不恰当的图像，它表明口语是不连续的，由相互区别而又互不关联的成分构成。通过使用国际音标，语言学家创造了他们的研究对象。这可不是小的技术问题。在语言学中，时间（口语）和空间（文字）之间存在某种对应的看法不比其在物理学（时空对应是永恒和变化的，以及我们了解的宇宙的核心问题）中产生的问题小。但是语言学未能解决时空连续性的谜团，而不得不通过构建语言模型来探索语言本质。从这个意义上来说，包括国际音标在内的文字系统都可以理解为语言模型。

索绪尔所构想的语言学不是一个实证科学。就像矿物质，它研究自然中发现的矿物质的物理特征、创建分类体系，并在此基础上不断完善矿物质起源和形成的理论。与之相反的是，音位和其他语言单位，例如音节、语素、单词、句子和意义在自然环境里观察不到，它们只是理论概念。语言学中知识产生的方式与自然科学通过感官体验搜集证据的方式正好相反。因为言语社区不完全一样，没有两个人说同样的话，所以语言学研究不能从可以观察到的特定物体开始。事实上，没有人会在不同场合说完全一样的话。因此，语言学家不得不研究索绪尔所说的"令人不知所措的东西"。为了理解语言学，他们做出各种假设，运用到语言结构里，并评估其内部和外部的合理性。内部合理性指的是基本一致（没有矛盾和多余的地方以及特别的解释），而外部合理性是基于说话者对异同之处的判断。正如我们在上文所看到的，索绪尔和布龙菲尔德意识到了文字对人们言语行为和语言认知的影响。由于语言学有赖于说话者的判断来建立它的研究对象，它不能仅仅因为语言不论是否以书面形式使用都会演化而无视这种影响。如果单凭那个原因，那么研究有文字的言语社区所使用的语言，我们必须考虑文字。布龙菲尔德所说的"为了研究文字，我们必须懂得一些有关语言的知识，反之则不然"（Bloomfield 1933：21），在当时对于解释为什么研究没有文字的语言是有用的。现在这句话不再能够指导我们了。这是因为语言有很多地方我们只有通过研究它的书面形式（例如文字系统、文字规范的影响、以文字为媒介的语言接触、语言态度）才能理解。虽然有文字存在的历史在人类历史中时间并不长，但是它从根本上改变了语言的使用方式。文字的适应性强，例如它便于远距离合作。我们必须承认人类语言在自然与文化之间，具有互动这方面的特点。

正如索绪尔所说，语言有自然的一面，也有社会文化的一面，或许我们不可能随意改变语音规则，但是语言的其他方面还是可以进行修正和创新的。很明显，语言书面形式完全属于它的社会文化属性，但是如果存在不同的文字变体，而且像索绪尔和布龙菲尔德所说的，这些变体影响语言的变化，那么文字就不应该被忽视。因为除非我们思考语言单位和它们书写形式之间关系的本质，除非我们还记得国际音标源于拉丁字母而不是相反，否则我们就很难不掉入索绪尔和布龙菲尔德所指出的前人掉入的陷阱中。传统上的文字确实不是语言，但是通过国际音标或其他拼写法产生的口语的各种书面形式也不是语言。

语言资源的社会指示性

文字的专制是怎样产生的？为何如此根深蒂固？这个问题有两个答案，其中一个与媒介和我们的感官有关，另一个与权力有关。俗话说"眼见为实"，可证实的证据令人信服，而在我们所有的感官中，视觉是我们最信赖的，尽管它也是最容易欺骗我们的。这或许可以看作证明视觉对人类生活、生存和适应环境极其重要的证据，或许也使得我们更加重视书面语而非口语。

我们倾向于依赖视觉，除了进化方面的原因，文字"不应该有的重要性"还源于，书面语知识在过去和现在的社会一直分布不均。读写技能表明社会地位和威望，并与其他社会变量相关联。言语社区获得文字以后，它的交际资源及其功能分布会发生前所未有且不可逆转的变化。在所有的社会，文字与权威相联系，即一个创造者阐明书面规定，并有权强迫他人服从。从这个意义上来看，文字的"专制"是一种社会现实，我们也应该研究它。在文字社会，大部分讲话人和听话人也是读者和作者，他们通过听觉输入，也通过他们生活的语言景观（linguistic landscape）和从小接触的书面文本，以及使官方语言或国家语言合法化和再生产的学校来发展他们的语言库（linguistic repertoire）。尽管"在整个历史时期，几乎所有语言都是由文盲使用"，但是现在大部分人能够读写，口头使用最广泛的语言有着较长久的书面文学传统。现存不少没有文字的语言，但是说这些语言的人很少，而且他们中多数能读写另外一种语言。

当人们从语言的社会本质（包括社会对其语言资源的使用）来研究语言时，人们应该有充分的理由考虑语言的口语和书面形式。语言的口语和书面形式既根据场合正式程度和语境的不同在文体上发生变化，也根据人们的态度和社会规范而变化。尽管对语言感兴趣的社会学家人数不多，但把文字排除在他们研究领域之外是没有道理的。对他们来说，索绪尔所说的"文字的专制"是他们研究文字的首要原因，因为这证明了文字对社会的重要性。尽管主流社会学较少关注文字，但是我们必须指出，当代最有影响力的思想家，哈贝马斯（Habermas）[1] 和德里达（Derrida）[2]，都把文字放在他们哲学的中心位置。哈贝马斯在他的早期著作中构建了一个公共领域（public sphere）的媒体和传播理论（见第 2 章）。对他来说，口语和文字之间的区别，相当于交际互动中单纯的参与者与具有反思能力的话语观察者（Habermas 2008）之间的区别。德里达（Derrida 1967）强烈反对把文字简单看作一种口语表达。他认为，为了理解语言的发展，我们必须研究口语和文字之间的互动。我们只有抛弃索绪尔的文字第二位和文字补充口语的信条，才能真正理解文字的象征力量。事实上，文字极大地扩展了知识探索的范围。没有文字，许多研究无法进行。德里达（Derrida 1972）举的例子包括理论数学和信息检索系统等从未与语音产生过联系的符号系统。它们的存在以及它们对口语和语言的影响表明：尽管口语和文字受规则管辖且相互关联，但是自从文字产生以后，它们便是各自独立的系统，不断发展并相互影响。本书认为，文字具有自主性的观点比文字源于口语和文字第二位的观点更有利于文字研究。

另一位非常关注语言象征力量的重要思想家是法国社会学家布尔迪厄（Bourdieu）[3]。为了理解语言的社会功能，我们必须分析口语和语言之间的差异，与口语不同，语言是一个强加给社区的规范系统。布尔迪厄指出，当语言学家谈到"语言"的时候，他们一般心照不宣地接受"官方语言的

---

[1]　尤尔根·哈贝马斯（1929— ），德国哲学家和社会学家，代表理论有交往行为理论，代表作有《公共领域的结构转型》《理论和实践》和《交往行为理论》等。

[2]　雅克·德里达（1930—2004），法国哲学家和思想家，西方解构主义哲学的代表人物，代表作有《写作与差异》《论文字学》和《撒播》等。

[3]　皮埃尔·布尔迪厄（1930—2002），当代法国最具国际性影响的思想大师之一，研究领域涉及人类学、社会学、教育学等多个领域，代表理论有文化资本理论，代表作有《实践理论概要》等。

官方定义"，而没有更多解释（Bourdieu 1991：45）。文字在这方面的重要性显而易见，这是因为我们讨论的语言，布尔迪厄称之为合法或"授权语言"，是由"有书写权力的作者创造的"并"由语法学家固定下来并编成法典……成为一套约束语言实践的规范体系"（Bourdieu 1991：45）。布尔迪厄的"语言实践"很容易使人想起接下来我们将要讨论的巴兹尔·伯恩斯坦（Basil Bernstein）①的特定阶级语码。这两个概念都可以被理解为惯常意义系统，这些系统代表象征性资源，并有助于社会再生产。作为一种社会实践，文字在不同社会的象征性资源中占有不同地位，并以不同方式被赋予与权力相关的不同功能。从社会学的角度看，显而易见的是，文字并非口语的替代品，它构成社会交际手段的一部分。文字并非源于口语，更不能被口语所代替。它是一种社会实践，其本身就是一种交际方式。

但是，社会哲学对文字的理解对主流社会语言学的影响却不大。受到索绪尔或布龙菲尔德结构语言学流派的影响，主流社会语言学基本上都不大重视文字，而较多关注口语。他们把研究对象局限在口语的原因是，口语是自然的，很少受到说话人有意识的控制。因为口语为人们提供了"分析语言结构最系统的数据"（Labov 1972：208），所以人们认为，口语是社会语言学家应该研究的变体。拉波夫（Labov）②坚持以自然性为标准来选择一种适合数据搜集的变体，这呼应了索绪尔对文字专制的批评以及应该由口语代替的主张。但是，正如我在其他著作中所说的（Coulmas 2005），也正如大部分社会语言学家所同意的，如果在所有情况下语言行为是一个选择的问题，那么出于数据搜集的目的而回避那些比口语存在程度更高的受意识控制的变体，那真是不合理的。词汇、文体和发音选择的程度是有意识的，并受到真实或想象的规范的指导，这具有社会指示性。此外，语言作为一种工具，如果人们使用它不是为了认知，那么肯定是为了向他人传递认知的结果。令人费解的是，为什么有意识地控制这种工具的使用和构造会阻碍我们理解它的运作。

言语社区不同的成员以不同的方式使用他们的语言资源。这些差异有些是个人的，有些是社会的，与社交网络、社会分层、教育水平、性别差

---

① 巴兹尔·伯恩斯坦（1924—2000），英国社会学家，代表理论有语码理论，代表作有《阶级、语码和控制》等。本书有关伯恩斯坦语码理论相关内容的翻译参阅了姜望琪的译文《复杂语码和局限语码：社会根源及影响》，载于祝畹瑾（编）《社会语言学译文集》。（北京：北京大学出版社，1985 年，第101—119 页）
② 威廉·拉波夫（1927— ），美国语言学家，社会语言学的奠基人之一，代表作有三卷本的《语言变化原理》，其中前两卷英文版已由北京大学出版社引进出版。

异、少数民族地位，以及对不同变体的态度有关。有些变体受人尊敬，有些让人鄙视，这些差异与说话人感知的以及事实上的社会地位有关。文字对这些差异有较大影响。在这方面，卡亨（Kahane）提出了"威望语言"（prestige language）这一概念，指的是书面的，即"在文字社会，学习威望语言的首要动机之一是，这一语言与教育联系紧密，而教育可以赋予它阶级符号的价值"（Kahane 1986：495）。同样，上文提到的布龙菲尔德的术语"文学语言"，为一种与文字相联系的独特变体的社会指示性提供了一个描述性词语。

扩展文学语言

文字一旦在社会中存在，人们就不能忽视它。正如布龙菲尔德所说，随着识字率的提高，不仅文字成为另一种交际渠道，而且通过扩展文字表达范围并形成自己的特征，文字的影响力在日益增加。只有你有了书，才能获得书面语能力。伯恩斯坦较早注意到了拥有不同交际资源的社会意义，他以此提出了工业社会里语言和社会阶级固化的一个复杂理论。

伯恩斯坦发现了两种语码（linguistic codes）或意义系统：复杂语码（elaborated codes）和有限语码（restricted codes）。他认为这两种语码是代表着社会关系和社会结构特点的特定形式（Bernstein 1966）。有限语码高度依赖语境和场合，比较啰唆，注重社会关系，同时伴随着非言语交际；而复杂语码旨在表达确切意思和个人意图，并不指向此时此地。常用句法和词汇在有限语码中出现得较多，而在复杂语码中出现得较少。有限语码和复杂语码的不同之处还表现在言语组织和说话人的相互照应上。有限语码的特点是，说话人和听话人都在场，言语中的照应通常是向外的，在很大程度上有赖于共享的场合背景。与有限语码不同，复杂语码中的照应是在言语中明确确定的。在这个意义上，复杂语码的照应是远离言语场合的。所有的说话人都使用有限语码，包括在仪式和其他不大需要或接受变化的常规场合中固定的言语模式，以及需要大量共有知识的亲密谈话。一个人使用有限语码未必能说明他的社会阶级，但一个人的交际行为大部分局限在有限语码却能说明他的社会阶级，这是因为，缺少语码的选择在很大程度上表明此人的受教育水平不高。

伯恩斯坦观察到，中产家庭的孩子在词汇和句法选择上不同于工人家庭的孩子，前者比后者更多地使用复杂语码。他感兴趣的是，孩子们的认知取向和语言使用模式（即语码）与说话人和听话人的社会经济背景有关。与布尔迪厄（Bourdieu 1982）相似，他认为语言不仅反映社会现象，而且在社会秩序的构建和固化中发挥作用。他的语码社会学理论遭到不少学者的批评，例如将文体变异（直白和正式）与信息变异（简单和复杂）混淆（O'Keef and Delia 1988）；只区分了言语交际中与两个社会阶级（工人阶级和中产阶级）有关的两种模式（有限语码和复杂语码）（Philipsen 1997）；使人们认为工人阶级的言语有缺陷（Danzig 1995）。[①] 但是，今天伯恩斯坦模式已经以多种方式经受住了时间的考验，人们依然认为它对了解社会中的语言做出了巨大贡献。

伯恩斯坦对不同言语模式分析的创新性在于，他将这些言语模式与不同学习方式和社会身份相联系："当一个孩子学习一种复杂语码，他学会了……注重交际渠道……他开始将语言看作可以用来传递独特经验的一套理论上可能的选择。"（Bernstein 1966：257）与之相反的是，对于一个只使用有限语码的孩子，"言语并没有成为特殊感知活动的对象，他也不会认识到可以用各种不同的结构来组织句子"（Bernstein 1966：258）。在伯恩斯坦之后的著作中，他进一步发展和完善了有限语码和复杂语码这两个概念，将它们放在他的社会秩序及其再生产理论的中心位置。对本书来说，他早期简单的描写依然有意义。如果我们把使用复杂语码的人（他将语言看作可以用来传递独特经验的一套理论上可能的选择）和使用有限语码的人（他并没有认识到可以用各种不同的结构来组织句子）作对比，很明显，对两种语码在语言特点上的不同认识与对文字和口语的认识是相对应的。一般来说，文字需要认真地规划，有意识地选择语言提供的理论上可能的选择，将经历和状态向他人展现，而他人只是通过书面文字就可以了解这些经历和状态。作者要清晰明确，这是因为读者可能没有相同的背景、时间、地点和视角。在口语中我们可以啰唆或含蓄，这需要交际双方都在场而且有相同知识。翁（Ong）详细阐述了书面语与复杂语码之间紧密的关系："复杂语码需要借助文字形成，需要借助印刷实现复杂化。"（Ong 1982：105）请看下面两个例子：

1 撰写的文本

两股气流相遇会发生辐合（convergence）或峰面抬升（frontal

---

① 有关伯恩斯坦语码理论的概述与批评，可参阅萨多夫尼克（Sadovnik 1995）。

lifting)。在大多数情况下，两股气流的温度和湿度不同。通常一股气流温暖潮湿，另一股气流寒冷干燥。后者前峰如倾斜的墙壁或峰面，这使得温暖潮湿的气流被抬升。当然，抬升中温暖潮湿的气流因膨胀而饱和并降温。云的形成常见于中纬度地区，那里气旋发源于极峰，也见于赤道附近地区，那里季风在热带辐合区（intertropical convergence zone）相遇。

热带气旋属于"中尺度对流系统"（Mesoscale Convective System）的一种。它们与其他云涡的产生、发展和结构不同。它们没有峰面，属于低气压系统，对流有序，雷雨交加，表面风围绕低压中心封闭循环。热带气旋也被称为飓风或台风。气旋大小从500—700千米到1200千米，1500千米的较为少见。气旋云顶高度从12—15千米到16千米。云反照率是0.8—1。①

2 自然会话②

1 梅尔（Mel）：*汤姆·巴里*（Tom Barry）*拿着所有那些*（0.2）③
东西去（0.3）

2 莉兹（Liz）：他↑④去了？⑤=⑥

3 梅尔：=学校：⑦。⑧嗯：。=

5 莉兹：并：所以他运-⑨设法让它运：作。(0.8)

6 梅尔：是-。(0.5)

7 莉兹：嗯↓原来↑如此：。(2.1)

8 梅尔：嗯-是这样的。=

9 莉兹：=他用：了多长时间。(2.9)

10 梅尔：啊：：=不长-时间，⑩ (7.3)

---

① www.physicalgeography.net/fundamentals/8e.html。

② 自然会话的转写翻译主要参照刘虹的《会话结构分析》（北京：北京大学出版社，2004年），略有删减。

③ (0.0) 表示以秒为单位的计时停顿或沉默。

④ 向上和向下的箭头分别表示升调和降调。

⑤ ? 表示升调，不同于问号。

⑥ = 表示等号下面的话轮与等号上面的话轮中间没有停顿。

⑦ ：表示符号前的语音的延长，每增加一个冒号，就表示多延长一拍。

⑧ 。表示降调，不同于句号。

⑨ - 表示突然中断。

⑩ ，表示低升调，暗示话未说完。

11 梅尔：很聪明的人：＝汤：姆不是吗（1.3）

12 莉兹：他↑多大：↓了。(2.5)

13 梅尔：不知道＝好像：↑二十好几：↑三十↓出头 (1.0)

14 莉兹：他需要理：发。(2.2)

15 梅尔：他：是一个（0.7）嬉皮士：＝↓从七十年代。(0.4)

16 莉兹：他不知：道＝那是一：九：九：一：？＝

17 梅尔：＝哈哈（0.3）。

18 莉兹：↑不↑↑寻常。

19 梅尔：是。

(Gardner, Fitzgerald and Mushin 2009：76f.)

第一个例子里对云形成的气象学特征的解释不大可能出现在自然口语中。完整的句子一个接着一个，没有迟疑重复、错误开始、不完整词语、填充词语、缩略形式、省略以及其他会话特征。文中没有时间和空间指示词将文本与某一特定场景联系起来。这个文本是独立的，仅仅借助包括一些科技词汇在内的词语和语法规则。与第一个例子不同，第二个例子表现出许多会话口语的典型特征，例如向外照应（所有那些东西），错误开始（所以他运——设法让它运作），会话中具有寒暄而非实意功能的套话（"嗯，原来如此""嗯，是这样的"）和许多长时间停顿。第二个例子句法简单，没有从句。梅尔和莉兹的会话话题是关于汤姆·巴里的。尽管我们不清楚汤姆设法使什么运作，但是不难理解他们关于他的对话。很明显，梅尔和莉兹知道，所以他们没有明确说出来。他们关系密切，可以借助共有知识和以前的对话。只有在对话中，我们才能明白他们说的大部分话是什么意思。

文字和复杂语码

有限语码和复杂语码之间的差别不同于口语和文字之间的差别，但显而易见的是，有限语码与面对面的口语有不少相似之处，而复杂语码也与去语境化（de-contextualized）的文本有许多共同的特征。文字和口语可以有许多种不同的用法，而书面信息也可以像有限语码那样高度依赖语境。贴在办公室门上的便条"五分钟后回来"并不是复杂语码。媒介并不能决定一切，这里要强调的是，一种高度复杂语码的发展得益于（如果不是依赖的话）读写活动的推动，而这种读写活动涉及一种不同于面对面交际的语言使用。伯恩斯坦对工人阶级和中产阶级的孩子在学业上的差别很感兴趣，他从理论上解释为拥有藏书的中产家庭和学校的特点是使用言辞清楚的复杂语码，这样就使中产家庭的孩子处于优势地位。他总结道："工人阶级和农村家庭的孩子相对落后，这很可能是文化落后的一种形式"，这种落后进入社会体系，因为"孩子带到学校的语码代表了他的社会身份"（Bernstein 1966：259）。

伯恩斯坦的观点是一种社会学观点，认为语码是划分社会等级的一种标准。他对语码和社会阶级之间关系的兴趣极大地推动了早期社会语言学理论（尤其是在欧洲）的发展。他首次引起社会学家和教育规划学者对不同言语风格问题的关注。几十年后，他的许多见解依然有价值："很明显，我们的社会重视复杂语码。学校英语教学把重点放在复杂书面语上，并设置奖励。"（Fiske 2002：72）尽管这并不是索绪尔所想的，但这是文字的另一种专制，使我们从不同视角看到语言是一种制度。伯恩斯坦感兴趣的首要问题是语言制度如何被用来固化社会的不平等。他认为："一种语码并不比另一种语码好……但是，社会可能对通过不同语码系统得到的经验秩序赋予不同价值。"（Bernstein 1971：135）很明显，发达社会更重视对包括高度复杂语码在内的各种语码的掌握。

复杂语码和有限语码的另一区别与方言变异有关。按照大众说法的"威望语言""标准语言"与地区方言不同。语言学家愿意将一种变体（例如"文学语言"）看作方言中的一种，但是一般的语言使用者倾向于把书面语中经过规划的变体，看作去除了方言和地方特色的产物，因此是真正的语言。由于复杂语码比有限语码更接近书面语，表现出较少的地方特色，所以人们将两者之间的关系看作一种威望等级。这最终导致了语码的社会分化，并产生了"语言变异不仅与时空对应，也与社会条件对应"的基本思想。这里所说的社会条件过去是，现在在某种程度上仍然是工业化国家的那些社会条件。在这些国家，社会阶级仍是社会分析里一个重要的而且饱受争议的概念。用伯恩斯坦的话说："人们认为，某种社会关系形式的变化根据控制句法和词汇选择的原则而发挥作用……不同的社会关系形式通过影响规划的程序而产生不同的言语系统或语码。"（Bernstein 1966：254）这种思维方式推动了不少研究，这些研究促使社会语言学作为一门学科出现。在欧洲和美国，这门学科起初与补偿教育和所有社会阶级的孩子享有平等机会等概念密切相关。因为：

　　　　研究指出，工人阶级的孩子在学业上的表现并没有像所期待的那样好，有人提出，语言或许对学生成绩差产生重要影响。人们普遍觉得语言问题中的一个因素与方言有关。标准英语是教育领域使用的方言：大部分老师都说这种方言；一般以书面形式使用这种方言；在考试中使用这种方言也会得到奖励。(Trudgill 1979：15)

这段引文出现了早期社会语言学研究的所有对象：教育成就、社会阶级、方言和文字。人们一般认为，在英语世界，某种变体（即标准英语）适合写作。那些没有掌握或掌握不好这种变体的人被剥夺了许多工作和社会地位上升的机会。如果只是因为这个原因，社会语言学研究的变体中理所当然地应包括对文字的明确提及。伯恩斯坦和他早期的研究伙伴（例如Lawton 1968；Rosen 1972）将语言看作一个控制系统。从传递社会结构和固化社会分层的角度来看，研究这一系统来寻找答案是为了回答一个更大的问题：为什么会有社会。因为社会体系在不断变化和适应，所以我们必须定期重新思考这一问题。如今，因为更多的社会关系和制度依赖于书面语，并以书面语为媒介，所以答案似乎直指语言，包括口语和书面语，但是目前还没有一个结合文字社会方面的理论框架。伯恩斯坦对语码的区分很重要，但是这一区分从未解释清楚有限语码和复杂语码之间的关系，以及口语和文字的关系。他的核心观点是，复杂语言受到社会关系的影响，而社会关系发挥着维护社区团结和推动社会进步这两大功能，但这两个功能往往难以互相调和。

对于来自不同地区的人们来说，书面语是教育的工具。人们倾向于把书面语看作语言的原型，而方言口语不过是低层次的无序偏离。从教育者的角度来看，奥尔森（Olson）断定，由于文字的物理稳定性，它不仅被赋予威望，而且提供了一个模式，使我们"以一种新的方式看我们的语言、我们的世界和我们的头脑"(Olson 1994：258)。伯恩斯坦认为，不同学习模式与不同语码相关，这种观点与奥尔森所强调的文字产生不同认知取向的观点不谋而合。这两种观点都是基于文字扩展人类交际能力的见解，其含义远远超出视听媒介之间的明显差异。

总的含义是，文字社会及其个人有更多的语码可供选择，而且他们必须做出选择。每个人的交际行为都需要做出许多决定（包括媒介和语码的选择）来使其符合交际目的。在宏观层面上，因为个人在社会中成长，所以社会做出的选择对个人做出的选择产生重大影响。本书关注这些选择（这些选择与文字有关）以及选择背后的决定性因素。本书旨在阐明文字的社会意义及其与基于书面语的社会结构、语言变体（语码）、规范、态度、教育和制度的复杂关系。在新读写研究（New Literacy Studies，Gee 1990）中，读写能力不仅是一种专门技能，更可与社会结构和文化实践进行互动。现在，当出版社更广泛地传播读写能力的时候，读写能力的物质和技术方面再次重组社会的交际模式。文字使历史的深度可见，并使公众注意到历史，这样文字也使语言和社会产生变化。这是下一章的主题。

定义

以下术语解释方便后面章节的讨论。

文字系统（writing system）：本书使用的文字系统指的是一种抽象的文字书写系统。根据基本单位划分，世界上只有几种这样的文字系统：语词文字系统（word writing systems）、音节文字系统（syllabic writing systems）和音素文字系统（phonetic writing systems）。这个术语的另一个意思指的是语言文字系统单位解读的特定规则。按照第一个意思只有几种文字系统，按照第二个意思则有许多种文字系统。

正字法（orthography）：常与拼写法（spelling）互换使用。正字法指的是一种语言文字系统的标准变体。从字面意思来看，拉丁文 *orthos* 指的是"正确的"，*graphein* 指的是"书写"。与正字法不同，拼写法可以不遵守规则，即运用不规则或不寻常的拼写方式。

文字（script）：文字是一个文字系统的书写形式。

书面语言（written language）：书面语言指的是言语社区出于非即时交际的目的，以书面形式使用的语言。当然，这是个程度问题。这一定义排除了那些由语言学家设计出文字但并没有人在书面交际中使用该文字的语言。

读写能力（literacy）：阅读和写作能力。因为一个人是否具备读写能力的要求取决于历史和社会环境，所以对这一能力很难进行客观的定义。有学者想用功能性读写能力（functional literacy）来涵盖这种变化性。最近几十年，读写能力的意思已经扩展到掌握各种领域知识的能力，例如"艺术素养"或"政治素养"。本书回避此类用法。

社会结构（social structure）：这一术语描写社会组织，指的是一种相对稳定的制度安排，它管理着不同群体的人们（以社会阶级、性别、民族、年龄、宗教和语言来区分）如何共同生活。

讨论题

1. 索绪尔提到的"文字的专制"是什么意思？该术语在本章还有什么其他意思？两种意思之间有何联系？

2. 语言学家为什么需要国际音标？它与语言有何联系？

3. 思考社会语言学大多忽视文字的若干原因，并讨论这些原因的价值。

第 2 章 历史上的语言景观与公共领域的出现

文字不是一个中性独立的媒介。(Thomas 1992：74)

市场里的文字

　　广场是古希腊城邦开展公共活动的地方。广场代表着公共场所，各行各业的人们会聚在广场忙于自己的日常事务。市场主要用于商业交易，但有时也用于宗教庆祝活动、各种仪式活动、行使正义、政治集会或投票。市场里有偶遇，也有有组织的聚会。它与各种典型的交际方式相关，例如讨价还价、交换信息、闲聊或讨论时事以及发布公众通知。广场很吵，聚集着摊贩、鱼商、酒商、布商、鞋匠，提供他们的商品和服务，而街头公告员则在广场走来走去。医生和江湖郎中在出谋划策，哲学家们则通过宣传他们对生命意义的见解来吸引观众。地方长官在市场举办听证会，聚集的是听众而非读者。各种日常用品上刻写着大量文字，我们通过这些文字来了解在雅典广场上商品、人员以及思想交换的兴衰起伏（Harris 1989）。文字也成为古代市场"媒介组合"（media mix）① 的一部分。这些有关希腊大众读写能力的早期表述可追溯到公元前 8 世纪，主题上涵盖了一件物品的所有权与债务分类账簿、公民投票决定流放某人的陶瓷碎片，以及更加复杂的文本，如公共和私人咒语（见图 2.1）。这一切可以让我们了解希腊城邦的生活，在那里文字开始变得越来越重要了（Harvey 1966；Burns 1981；Havelock 1982；Thomas 1992）。

---

① 媒介组合指的是在同一媒体计划中使用两种及两种以上不同的媒介。

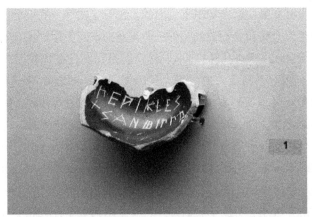

图 2.1 自下而上的语言景观：写着伯利克里·桑西巴斯（Perikles Xanthippos）名字的陶片

　　在 18 世纪挖掘的庞贝（Pompeii）古城里，人们也发现了有关公共领域中文字的相似证据。庞贝古城在公元 79 年因维苏威火山（Mount Vesuvius）爆发而被掩埋。人们在挖出的城墙上发现了见证罗马文明的个人信息和政治声明。上面既有各种詈语，也有官方文件、法庭裁断和公共决策的通告。一则广告写着：*M. Cerrinium aed pomari rog*（"水果商贩推荐克尼斯 [Cerrinius] 先生当市政官"）。*aed* 是 aedile 的简写，它是一个公职。*rog* 是 rogatus 的简写，源自 rogatory，连英语读者都认得出来。这座城市房屋的墙上以及其他能使用的表面上大约写着三千条选举信息。显然，这些墙壁和其他表面作为公共空间，用于传达政治声明等各种信息（Davis 1912—1913：Vol. I）。

　　人们不大容易理解古代世界里雅典广场、庞贝和其他地方刻写的文字，但是人们可以阅读这些文字。希腊人和意大利人看到这些文本是用他们语言中的字母写的，他们立刻意识到，即使他们没有理解内容，也能有所了解，这是因为上面展示的是他们的遗产，他们自己的语言。这些语言或许有些扭曲，但是希腊语和拉丁语清晰可辨："从古希腊语最古老的文学，到现代希腊语的书面语和口语，希腊语的许多特点基本没变，基本都保留下来了。"（Gerö and Ruge 2008：105）从古至今希腊语的延续是希腊人自我认识的一个重要方面，这一点或许只有汉语能与之媲美。希腊和中国都以未曾中断的悠久语言史为傲，而这一历史连接着他们国家过去最辉煌的历史时刻。

如果没有文字，这一切是不可能的。没有了文字，我们可以想当然地认为我们祖先大致和我们说的一样，但是我们没有类似证据，甚至会有更少的证据表明他们和我们说的不一样。因为我们是在比较差异的基础上来确定自身相对于其他人的位置，所以相同和不同之处同样重要。我并不想在这里重复或回顾有关"大分野"理论（"great divide" theory）的书面语和口语之争。"大分野"之后文字技术被赋予了自主性，并在本质上引起了社会生活几乎所有领域的变化（见 Barton and Papen 2010；Carlson, Fagan and Khaneko-Friesen 2010；Olson and Torrance 1991；Coulmas 1996：305）。托马斯（Thomas）详细研究了古典希腊语书面语和口语的互动和重合，她的研究可能更有助于我们理解将文字引入一个社会和一种文化意味着什么。她的描述较为谨慎，承认口语和书面交际功能逐渐区分，与口头传统中存在的书面语现象。尽管古希腊文化并不是由书籍主导的，但是托马斯强调公共领域中文字的影响，它"使新兴城邦中新的政治组织更为重要"（Thomas 1992：72），对雅典民主制而言，尤其如此。

历史深度

在我们回到公共领域文字的重要性之前，先看看早期读写能力的另一个方面：文字展示的历史范围。这对于希腊语和汉语等语言来说尤为重要。远古流传下来的字刻证明了许多其他语言的存在，有些语言的历史比之前提到的希腊语和汉语还要久远。汉语和希腊语与苏美尔语（Sumerian）[1]、巴比伦语（Babylonian）[2]、哥特语（Gothic）[3]、伊特鲁里亚语（Etruscan）[4]的不同之处在于，后四种语言已经无人使用了，而汉语和希腊语依然流传至今。除了历史学家和文献学家，对于其他人而言，如果语言的历史传统中断，那么它的价值只限于过去。尽管古埃及语的文学历史悠久，长达三千余年（Posener 1956），但对外行来说，很久以前古埃及语的文学传统已经完全中断，与今日的埃及没有任何联系了。不同的是，阿提卡语（Attic）[5]、通用希腊语（Koine 或 Hellenistic）[6]和拜占庭希腊语（Byzantine

---

[1] 苏美尔语是一种由古苏美尔人所使用的语言，它在巴比伦王汉谟拉比执政后不再通用。

[2] 巴比伦语是一种由古巴比伦人所使用的语言，主要使用楔形文字。

[3] 哥特语是一种由古哥特人所使用的日耳曼语族语言。

[4] 伊特鲁里亚语是历史上生活在意大利的伊特鲁里亚人所使用的语言。

[5] 阿提卡语是古希腊阿提卡地区使用的一种方言。

[6] 通用希腊语是指从公元前三世纪到公元三世纪时期在欧洲及中东所流行的希腊语。

Greek）① 书写的文本与今日的语言一脉相承，这使得希腊语历史可以追溯到很久以前，远远超出人们的记忆。当纯正、古老和正确等概念形成的时候，语言历史对语言意识的影响才逐渐产生。书面语应该对口语产生影响，这并不是理所当然的事。但是历史告诉我们，书面语曾对并继续对口语产生影响。所有语言都随着时间的流逝而变化和发展，但是只有书面语承载着它们过去历史的记录。通过这些记录，人们可以查看翻阅、参考举例、进行想象、直接引用、伪造篡改、奉为正典、批其专制或进行翻译。

市场里的文字本质上属于公共领域。它改变了物理环境，为市场增加了交际的视觉维度，进而带来新的互动和认知方式。因此，语言景观（或许更确切的说法是城市景观）出现了。在这一景观中，人们不仅能听到语言，而且能看到语言，这就使看到的人可以思考和查看别人刚才或十年前留下的信息。语言史随着刻画的物体和文字历史一起，成为景观的一部分。"语言景观"是一个相对较新的术语，专指一个新的研究领域（Landry and Bourhis 1997；Backhaus 2007；Shohamy and Gorter 2009）。但在古代，文字已经改变了城市的面貌。在本章接下来几节，我们将关注几个公开展示文字的历史遗迹，从中可以找到公共领域的萌芽。

据我们所知，文字自从诞生之日起就是用于公共而非个人交际的（Harris 1986；Coulmas 2003），而其早期的一些功能与公共展示有关，例如财产标识、品牌及边界石，它们向相关社区所有成员传达信息。历史遗迹上的字刻也很早就出现在了文字社会。文明古国的识字率不及现代社会高，这是因为在古代，写作艺术仅限于学者精英，而不是人们充分参与社会的一个基本条件（Goody 1987）。但是，即使当文字只是一种专业技能，而且识字率尚不高的时候，书面语的展示标志着人类栖息地的一个根本性变化。它改变了人们看待世界的方式，改变了他们的世界观，也改变了他们对语言的态度和认识，并在多方面改变了社会的组织形式。

文字的起源与城市化恰好重合，城市里各种复杂的社会组织和经济活动的出现产生了剩余，这样人们无须勉强维持生活（Falkenstein 1954）。这并非巧合，而是互相促进。因此，语言景观研究必须关注城市。让我们来看看历史上几个有名的语言景观例子。

---

① 拜占庭希腊语是指从公元七世纪到 1453 年君士坦丁堡的陷落为止的这一时期的希腊语。

语言景观的要素

语言景观有哪些要素？学者们给出的答案不一。兰德里和布里（Landry and Bourhis 1997：25）认为"公共路牌、广告牌、街名、地名、商铺招牌以及政府建筑物公共标牌"是形成语言景观的要素。塞诺兹和戈特（Cenoz and Gorter 2006：71）将展示语言标牌的任何组织机构都看作他们的分析单位，而巴克豪斯（Backhaus 2007：56）关注的是"在可界定框架内的任何书面文本"。研究者需要对所有这些研究方法做出合理的选择。研究历史语言景观不具有选择性，这是因为它必须设法研究遗留下来的，即从历史上流传至今的字刻。但是语言景观研究理由的一般设想同样适用于历史场景，即环境中展现的语言不是随意或任意的（Shohamy and Gorter 2009：2）。根据以下三个问题研究刻写的文字，预计会产生关于社会中书面语的有趣发现。这三个问题是：谁制造了这些文字？把它们放在哪里？它们有什么作用？

《汉谟拉比法典》（Codex Hammurabi）

法国巴黎罗浮宫里有一件珍宝，它是一块有着 3700 多年历史的石碑[①]，由黑色岩石制成，上面刻着由古巴比伦语的楔形文字（cuneiform script）书写的《汉谟拉比法典》（图 2.2）。公元前 1792 年到公元前 1750 年之间，古巴比伦国王汉谟拉比统治着世界上第一个大都市巴比伦，并以他的名字在大约公元前 1772 年颁布了该法典。该法典涵盖的整套法律，是他为后人留下的伟大遗产之一。虽然《汉谟拉比法典》不是世界上最古老的成文法，但它是统治者将整套法律公之于众的最早的一个有名的例子。它是巴比伦丰富的语言景观中较为突出的一部分。闪闪发光的黑色石碑高八英尺，上半部分展示的是国王站在法律保护神沙马什（Sharmash）面前祈祷，下半部分用精美清晰的文字刻着 282 则法律条文。

[①] 一块表面刻有文字的石头立为纪念碑。

图 2.2 自上而下的语言景观：《汉谟拉比法典》（约公元前 1772 年）

让我们回到第一个问题：谁制造了这一石碑？《汉谟拉比法典》标志着一种有文字的文化的兴盛，而非开端。它是根据国王的命令，由熟悉巴比伦诉讼风俗的学者编写，由技术精湛的工匠刻在石碑上的。石匠们各司其职，雕刻家雕刻图像，抄写员雕刻文字。今天在罗浮宫看到的这座石碑是一件完美的工艺品，它见证了城市生活典型的高度分工。从概念规划到设计校对再到物理成形的整个过程，只有专业人员各司其职而又相互协调才能完成。

把石碑放在哪里？这个石碑是要竖立在大家都能看到的公共领域的。《汉谟拉比法典》不是在巴比伦，而是在一座波斯城市被发现的，它被后来古巴比伦的征服者运到了波斯。人们从美索不达米亚多个城市里挖出石碑，我们从这些石碑上刻写的法律可以断定，《汉谟拉比法典》矗立在城市中心宫殿和庙宇前面显眼的地方，那里有很多人经过和聚集。不管石碑具体放在哪里，它都在公共视线内，任何识字的人都能看到和读到。我们不知道巴比伦城市的识字人口有多少，但是一定得有足够多的识字人口才能使这一活动有意义。

《汉谟拉比法典》有什么作用？法典是国家法律，它以清晰明确的术语规范社会生活的诸多方面。不用仔细阅读具体的法律规范，我们就可以肯定地说，刻写在石碑上的法律是不容更改和滥用的。石碑既号召大家遵守法律，又确保大家都可以诉求公正。通过公开展示，法律与规范制定者和法官分离。刻写的石碑成为法律，与司法制度及其执行相分离，这样"法律条文"自身获得权威。石碑代表着法律以及法制下公正的可能性和对公正的要求。作为大都市语言景观中最重要的部分，法典是法律物化的一个较早例子，也是创造公共领域的第一步。除了建立全民遵守的行为标准，法典还为巴比伦语言提供了一个标准，体现了语法和法律之间紧密的概念关系。

每个文本都具有多种功能，但通常以一个功能为主。《汉谟拉比法典》最重要的功能是管理和引导，规定行为准则和法律执行的制裁措施。从美索不达米亚几个城市搜集到的法律，例如《乌尔纳姆法典》（Codes of Ur-Nammu）[①]（约公元前 2050 年）和《李必特·伊什塔尔法典》（Codes of Lipit-Ishtar）[②]（约公元前 1890 年），我们知道这种功能很早就与文字相联系。《汉谟拉比法典》与其的不同之处是，它把法律完整地公之于众。

罗塞塔石碑（Rosetta Stone）

古代语言景观中另一个标志性的遗迹是罗塞塔石碑。拿破仑埃及远征军中的一个军官弗朗索瓦·泽维尔·布沙尔（François Xavier Bouchard）发现了这一石碑。之后弗朗索瓦·商博良（François Champollion）根据这一石碑成功破译了埃及的象形文字（hieroglyphs）（Parkinson 1999），这成为他永久的荣耀。罗塞塔石碑存放在大英博物馆埃及厅，这个非常有名的古代文本只是一大块黑色石碑的一部分，上面刻有公元前 196 年 3 月 27 日颁布的祭司诏书，用于祭拜国王托勒密五世·埃庇劳涅斯（Ptolemy V Epiphanes）。因为发现石碑的河岸所在的地方（欧洲人称之为"罗塞塔"）在托勒密王朝统治下的埃及并不存在，所以人们认为，石碑原来放在尼罗河三角洲赛斯城（Sais）。

谁制造了罗塞塔石碑？和汉谟拉比石碑一样，罗塞塔石碑是由技术熟练的工匠根据文本和设计而制成的，而这些文本和设计是由受过良好教育的专家提供的。我们无从得知埃及人口中有多少人识字，但显而易见的是，在雕刻罗塞塔石碑的时候，公共场所里的文字在埃及是非常重要的，而且在之后的两千年里一直都很重要。那些编写文本和把文本刻到石碑打磨光亮的表面上的人备受尊敬而且不计报酬。他们是古代最雄伟壮丽的语言景观的设计师。在埃及城市里，纪念碑上的字刻随处可见。许多历史上遗留下来的石柱、壁画浮雕和雕塑依然保留着它们的宏伟壮丽和视觉美

[①] 《乌尔纳姆法典》是迄今所知的世界上最早的一部成文法典（早于《汉谟拉比法典》），它是古代西亚乌尔第三王朝开国君主乌尔纳姆在位时制定的。

[②] 《李必特·伊什塔尔法典》是伊辛第一王朝第五个统治者李必特·伊什塔尔在位时颁布的法典，比《汉谟拉比法典》早一个多世纪。

感，而上面刻着的文字依然和两三千年前一样，清晰可见而且令人敬畏。

罗塞塔石碑立在哪里？石碑上的文本给出了这个问题的答案。石碑上写着石碑将被放在受人敬仰的"托勒密双王雕像"旁的庙宇里："石碑靠墙，放在一座庙宇的外面"（Parkinson 1999：28）。文本清楚易读，虽然上面的字很小，读者需要靠近石碑才能看清这些文字。庙宇是社会生活中心和法老王的权力中心，那里有社会各个阶层的人经过。

罗塞塔石碑有什么作用？许多古埃及的记录与宗教信仰有关，庙墙、石柱、坟墓、雕塑和其他宏伟建筑上刻满了壮观的象形文字。当时要求臣民向国王表示尊敬的皇家诏书很常见。它们原意是为了永久流传，而石头提供了一个几乎无法破坏的表面（Assmann 1991）。石碑上刻写的文字自首次出现直至埃及传统中断，历经两千多年在风格上并无多大变化。罗塞塔石碑的历史可追溯到埃及文明的后期，当时埃及与阿契美尼德帝国 ① 和马其顿帝国 ② 建立联系，并遭到这些帝国的侵略。石碑是在动荡年代制造的，也是在动荡年代被法国士兵挖出来的。

托勒密王朝源于马其顿帝国。亚历山大城（Alexandria）是古代世界的文化中心，也是一座多语的希腊城市，吸引着地中海沿岸的商人、学者和艺术家。希腊语是法院和政府的官方语言，而埃及语用于庙宇，那里是传统的堡垒。当局面临的一个挑战是，消除统治者和被统治者之间的矛盾冲突。托勒密五世加冕前的十年里充满了动荡和叛乱，这些动荡和叛乱部分是由于对希腊统治的怨恨而引起的。罗塞塔石碑上的诏令证明了这些矛盾冲突。它描述了当时年仅 13 岁的托勒密五世（Ptolemy V）恢复秩序和稳固埃及的情况。这与皇家诏令传统模式一致，但其特殊之处在于，它是以两种语言和三种文字书写而成的：上面是埃及圣书体象形文字，下面是埃及通俗体草书文字（cursive），以及从公元前 7 世纪就已经在使用的古希腊文。因为草书文字源于象形文字，所以研究者对石碑上刻写的象形文字和草书文字提出过不少问题。但是有一个影响是显而易见的：石碑上埃及语占有的面积是希腊语的两倍。此外，从上往下依次是象形文字、草书文字和希腊文字，这样的布局表明一种意义深远的秩序。一个充满象征意义的社会通过使用清晰独特的文字图像传递给读者信息，如果通过这些都

---

① 阿契美尼德帝国（公元前 550—公元前 330 年），又被称为波斯第一帝国，是第一个横跨欧亚非三洲的帝国。
② 马其顿帝国是古希腊西北部的一个王国，又被称为亚历山大帝国，它是由国王亚历山大三世（大帝）开创的继波斯帝国之后第二个横跨欧亚非三洲的帝国。

没有意识到一个象征性等级和一种对埃及传统高雅文化的尊重，那是很粗心的。在托勒密王朝统治下的埃及，每个人都有用希腊语和埃及语起的两个名字，并向希腊和埃及诸神祈祷，独特的文学和宗教传统以各种方式相互影响。

罗塞塔石碑体现了语言接触、语言选择和语言层级多方面错综复杂的关系，而语言接触、语言选择和语言层级构成了语言景观研究的基本内容。为什么石碑上刻有三种文字？夸克（Quirke）提到，这是"三种重要文本传统的一种复杂结合"（Andrews and Quirke 1988：10）。相互重合而又竞争的文化和语言领域产生了用三种文字编写诏书的需要，以便用不同群体偏好的文字吸引他们："埃及石碑的传统观众、众神和祭司、讲埃及语的有文化的平民百姓、希腊政府。"（Parkinson 1999：30）碑文也承认了这一点，声明诏书应该以"上帝语言、公文文字和爱琴海人的文字刻在用坚硬岩石制成的石碑上"。

贝希斯敦铭文（Behistun Inscription）

其他许多从古代保存至今的碑文有两种语言，还有一些刻有两种以上的语言，其中最大的莫过于波斯国王大流士一世（又称为大流士大帝）（Darius I the Great，公元前 522—公元前 486 年）时期建造的石刻，它刻有三种语言。与古代文明的其他刻文不同，这个石刻远离大都市，被置于连接巴比伦和埃克巴坦那（Ecbatana）[①] 的古商队路线上的一块岩石表面上。扎格罗斯山（Zagros Mountains）是一座从广阔平原突起的独立山脉。在山脚下，不少泉水注入一个小池塘，方便游客和远征军队饮马。大流士一世选择在离石基 300 英尺高的地方刻写文字以求流芳百世，由此给后人留下一个最引人注目的语言景观。

著名的贝希斯敦铭文讲述了波斯伟大的神阿胡拉玛兹达（Ahuramazda）如何授权大流士驱逐反叛的高默达（Gaumâta）和统治波斯帝国。它用三种语言记载了大流士平定叛乱的战绩，这三种语言是：古波斯文（王国里使用最广泛的语言）、巴比伦文（古时最庄严的语言）和埃兰文（Elamite）[②]（用于统治阿契美尼德帝国的语言）。当时这三种语言是这一地区最重要的语言。令人惊讶的是，人们从下面无法也从不可能读到铭文，这是因为那

---

① 埃克巴坦那是米地亚帝国（Media Empire）的首都，即现代伊朗的哈马丹市（Hamadân）。

② 埃兰文是古代伊朗埃兰文明使用的一种文字。

些楔形文字太小，肉眼完全看不到。尽管这样，宣扬大流士功德荣耀的铭文仍具有广泛吸引力。

这就提出了一个关于读者的问题：大流士大帝的故事是供何人阅读的？庞大的铭文有数以万计的文字，需要工匠精心雕刻在打磨光亮的岩石上，这需要耗时多年才能完成。工程开始的时候，大流士还在与叛军打仗。因为他在公元前520年至公元前519年屡战屡胜，所以原来的设计也不得不进行修改。当石碑工作结束的时候，工匠们原来站着用以雕刻石头的狭窄山脊被砍掉，这就使人们不可能靠近阅读或更改铭文。在1835年，一位负责训练伊朗军队的英国军官亨利·罗林森（Henry Rawlinson）爵士冒险爬上悬崖，抄下遗迹最下面的部分，即古波斯文，其他两种文字超出了他的能力范围。尽管人们无法阅读铭文，但因为刻写的三种文字配有巨型浮雕，这给来往游客留下深刻印象，所以人们可以从下面清晰地看到这一遗迹。浮雕中的阿胡拉玛兹达展开双翼，盘旋在一群人的上面。这些人包括大流士王、他的仆人和那些被大流士王降服的代表，这些代表戴着枷锁站在他面前。大流士将铭文做得遥不可及，这就保证了它在世人和众神前宣称的伟大将永久保留，并且无法篡改。刻写的三种语言与其说证明了一个多语社区的存在，不如说证明了其信息的广泛吸引力和大流士统治的辽阔疆域。贝希斯敦铭文目的在于永久流传，它比能读懂这些铭文的人和神存在的时间还要长，而且时至今日依然还在诉说着那些人和神的故事。

在古代有文字的世界，双语现象并不罕见。在罗马帝国，正如多纳蒂（Donati 2002）所展示的那样，双语现象很普遍。刻写的文字在当时是供人们阅读的，而且刻文是由一种、两种还是多种语言组成取决于目标读者。印度铭文刻满了多种语言（Salomon 1998）；在中国许多地方的遗迹上，都能看到用汉语、满语、蒙古语、藏语和其他语言刻写的文字，例如长城居庸关的多语拱门（Waldron 1990）。但是，这些刻文很少明确讨论多语现象。正因为此，罗塞塔石碑是一个典型，其不同之处就在于其公开承认不同领域里语言的多样性。

墙上不祥之兆的文字（Menetekel）

正如我们已经看到的，古代语言景观中书面符号重要的功能在于建立权威和法制、为个人崇拜歌功颂德、通过符号承认相关群体和社会秩序。它们都证明了文字作为统治工具的有效性。因为这些文本花费了大量精力、付出了大量的努力，刻在石头上并置于最显眼的地方，所以文字支持权力的功能是最明显的。它们作为众神、祭司和国王高雅文化的遗产而吸引人们的注意。与高雅文化同时并存的低俗文化虽不太引人注意，但在书面记录中还保存着低俗文化的证据。读写能力一旦作为一种可以学习的技能流行起来，人们就意识到文字拥有削弱权威的颠覆性力量。涂鸦（墙上的字）是最有说服力的证明。谁制造的涂鸦？涂鸦在哪里？涂鸦出于什么目的？涂鸦在这三个问题上明显不同于语言景观的其他要素。

著名的"墙上的字"指的是《圣经》记载的有关巴比伦国王贝尔沙泽（Belshazzar）的故事。在一次盛大宴会上，他看到宫殿墙上有神秘文字"Menetekel-parsin"。后来一位智者将这一阿拉米语（Aramaic）① 解读为一种警告，说国王时日不多，他的王国将分崩离析（Daniel 5, 25）。不知姓名的作者把文本涂写、蚀刻、雕刻、喷涂在墙上，以挑战权威，这就是涂鸦的本质。有他人在场时，传达一个信息可能危险或不便，但这一信息可以留作痕迹让大家都看到，它可以是发出警告、号召战争、表达喜悦、诽谤诋毁。涂鸦传达给我们亚文化、抵抗和亵渎，为建立公共领域做出了贡献。

古人和今人使用涂鸦的地方是一样的：幽默、诽谤、淫辞、淫欲、政治热情、揭露内幕和谴责非难。例如，人们挖掘庞贝古城时发现很多墙上的字，从颇具现代口吻的 *pecunia non olet*（金钱无臭味）和 *lucrum gaudium*（获得即快乐），到对性能力的吹嘘、表扬和侮辱，再到上文提到的选举广告（Wallace 2005）。涂鸦的另一个作用是声明作者的存在，这似乎是满足了人们普遍的冲动。一个有名的例子是希腊雇佣军在埃及阿布辛贝神庙（Great Temple of Ramses at Abu Simbel）前的拉美西斯二世（Ramses II，公元前1278—公元前1213年）巨大雕像的左腿上留下的涂鸦。它是拉美西斯去世几百年以后涂画的，但是人们只能推测具体的日期和作者，这是因为涂鸦者是那些想让别人知道他们的信息，但并不承担责任的人。文字给了那些国王用雄伟壮观的刻文使他们的英雄事迹流芳百世的机会，而流浪汉也能获得同样的机会，他们没什么宣扬的，只是表明他们"曾经在这里"。看到涂鸦的人由此认识作者，做出回应，并进行有意义的交流，这种机会微乎其微，但是这似乎并不是涂鸦的目的。涂鸦者通过留下痕迹，使自己与伟大的事物相联系，并把自己刻写进历史，这才是留给陌生人

---

① 阿拉米语是一种由阿拉米人使用的语言，是古代中东的通用语言和波斯帝国的官方语言。

无意义信息的一个更可能的动机。

泰姬陵（Taj Mahal）

意象和字母、象形文字等一样吸引着我们的注意，并引起我们对美感的兴趣，而文字和意象一样，都能纪念和尊敬某人某事并使之流芳百世。书法是文字突破其视觉图像的一种潜势，在任何文字社会都或多或少地被付诸使用。书法在阿拉伯世界高度发展。"圣经"应该按照字面意思来理解。每一个阿拉伯字母都是神圣的。伊斯兰世界无数建筑都是用书法字刻装饰的，这是对上帝表示尊敬，也是一种文字艺术。一个杰出例子是泰姬陵。它建于1633—1653年，是印度莫卧儿王朝（Mughal）的皇帝沙贾汗（Shah Jahan）为了纪念亡妻阿姬曼·芭奴·贝古姆（Arjumand Bano Begum）而建成的，它是世界不会忘记的爱情颂歌。技术精湛的设计师、镶嵌工匠、石匠和书法家在阿格拉城（Agra）亚穆纳河（Yamuna River）旁修建了这座无与伦比的陵墓。

书法家阿马纳·特汗（Amanat Khan）根据沙贾汗的命令选择刻文，并写成祭文的形式。刻文占据墙壁、拱门和饰带的大部分，并与藤蔓花卉图案交错。对于高处和拱门上的刻文，设计师有意扭曲文字，以纠正观者视角上产生的扭曲。大部分文本是《古兰经》中的章节，包括在伊斯兰葬礼中诵读的所有章节。波斯书法家用黑色勾勒的苏尔斯体（Thuluth）制成文字，整体风格美轮美奂。刻文见证了永恒的爱情和丧妻之痛，以及在伊斯兰教中寻求的慰藉，表现出伊斯兰教的博爱和伊斯兰教在莫卧儿王朝统治下印度社会中的重要性。文化精英能读懂这些文本，不懂文字艺术的人也能欣赏它们的美丽。有人说泰姬陵的建筑样式和位置目的是与文本信息相符的，而陵墓的寓意象征着审判日天堂花园之上的真主宝座。

我们并不关心这一解释是否合理。这里提到这些只是为了突出信息、刻文和雕刻表面概念上的互动，这是语言景观的一个重要方面。书法的本质决定了它在艺术性和信息性之间的摇摆。对于伊斯兰书法，艺术性往往取代信息性（Blair 2008）。耶路撒冷7世纪建立的圆顶清真寺（Dome of the Rock）、印度德里（Delhi）11世纪建立的古伯特高塔（Qut'b Minar），或伊朗伊斯法罕（Isfahan）17世纪建立的皇家礼拜寺（Masjid-I Shah）等遗迹上的刻文高度格式化，只有那些掌握古典阿拉伯语的专家才能看懂。这些刻文在人们的视线之上，不便于人们阅读。刻文里的信息不是很容易理解，但不可否认的是，这些遗迹正如其他遗迹一样，是语言景观的要素，它们包含的"文本里的信息"和"看到的信息"明显不一致。

移动位置

不少有刻文的遗迹曾被移动过，例如上文讨论过的《汉谟拉比法典》石碑。和战利品、纪念品、民俗标志以及其他引人注目的物品一样，展示的遗迹及其复制品是语言景观中较受欢迎的要素。一种显眼的语言景观是方尖碑。这些方尖碑源于法老统治下的埃及，并受不少人推崇。在古代，一些巨大方尖碑已被运到其他国家（Curran et al. 2009）。今天，原来三十座巨大方尖碑中的十三座构成罗马语言景观中不可或缺的一部分（图2.3）。其中有些方尖碑是被掠夺到罗马的，例如人民广场（Piazza del Popolo）的方尖碑，它是屋大维（Octavianus）在公元31年征服埃及后，从埃及带回罗马的。其他的方尖碑是定制的，例如纳沃纳广场（Piazza Navona）的方尖碑是在埃及的阿斯旺（Aswan）制成的，以纪念罗马皇帝多米蒂安（Domitianus）在公元81年即位。另一座被移动过的方尖碑突出表现了文字在石头上的持久性。这座方尖碑位于巴黎市中心美丽的协和广场（Place de la Concorde），建于古埃及第十九王朝拉美西斯二世（公元前1304—公元前1237年）时期并在19世纪由埃及卢克索（Luxor）运到法国首都巴黎。除了大学里埃及学系和考古学系的专家学者，没有巴黎人能读懂碑文，但是它有着重大的象征意义。由于法国而非埃及对英国战争的失利，有助于破译埃及象形文字的罗塞塔石碑被保存到伦敦。[①] 因此，提醒世人是法国人把这一古代文学遗产从遗忘中拯救出来，这可不是小事。

---

① 约瑟夫·科苏斯（Joseph Kosuth）创作的献给商博良的复制品比罗塞塔石碑大，位于商博良的出生地法国菲雅克（Figeac）市镇博物馆的地面上。

图 2.3 公元前 595—公元前 589 年埃及方尖碑，公元前 10 年由奥古斯都大帝（Emperor Augustus）带回罗马；现在立于蒙特奇特利欧广场（Piazza di Montecitorio）议会建筑前

　　许多方尖碑和其他带刻文的纪念碑背井离乡，成为语言景观中的一个去语境化和再语境化（re-contextualized）的要素。这些引人注目的例子说明了语言景观中需要系统研究的一个较为普遍的方面，即来自另一个时空的语言标牌。由于文化、语言和时间上的距离，许多这些标牌所蕴含的信息内容已不再重要，并让位于象征信息。尽管它们远离它们原先的读者群，但是一个普遍的元文本依然存在：因为文本是面向所有人（能阅读的人）的，也没有人被禁止参与公共领域，所以，如果你努力去破译它，总会有一个传达给陌生人的信息。

与陌生人交流

　　从上面分析的标志性遗迹中可以学到很多。和今天一样，在古代，公开展示的语言标牌是供人们阅读的。一般来说，这意味着语言景观研究必须讨论"谁能读这个标牌？"和"谁读了这个标牌？"这两个问题。每个刻文都传递着自身信息，并提到它所使用的语言："那里有人在读某种语言。"其次，公开展示的标牌的目标读者取决于作者，尽管他可能没有被正式授权这样做。政府法令、商业广告和涂鸦争夺着空间、注意力和影响力。本-拉斐尔（Ben-Rafael 2009：49）提出一个有关语言景观交际流动的有用区分。"自上而下"的流动源于被授权向平民百姓传播信息的公共机构，而"自下而上"的流动则包括任何具备写作能力的人制造的物品。

　　自上而下的物品和自下而上的物品构成语言景观要素。语言景观作为一个文化景观是由当事人形成的，在分析中必须考虑施事者与信息内容、语言选择和象征意义相关的可以推断的动机和意图。这种理解的框架条件，一方面来自社会组织、网络、教育和权力关系，另一方面来源于文字和技术（包括石头、纸张和电子屏幕等写作媒介）的本质。发光二极管技术支持的大型电视屏幕和滚动信息展示，与石碑和石刻大相径庭，但它们的基本功能保持一致：城市里的地标是用于阅读的。这不仅在过去是，在现在仍然是城市生活的本质特征。

　　这些地标和城市语言景观中的其他要素都是面向公众的，并供公众阅读的。公共交际可能涉及每个人。根据奈哈特（Neidhardt 1994：10）的理论，每当交际者无法控制他或她的听众范围的时候，就会出现公共交际。这一标准使私人领域和公共领域对立。私人领域以家庭为中心，所有成员和其他参与者互相熟悉，而公共交际是"向陌生人开放"（Warner 2002：74）的。值得注意的是，社会科学家强调，"向陌生人开放"是公共领域交际的一个本质特征（Calhoun 2003；Warner 2002）。尽管古代对个人听众范围和听到机会的控制明显比现代更为严格，但需要注意的是，在交际中将陌生人包括在内是文字结构上的必然结果。在公共和私人领域，演讲会被人无意听到或偷听到。这些受到演讲时间与地点的限制，而且演讲者必须在场。但当信息成为文字的时候，它与原作者分离并独立存在。由于媒介的物理特征，它的原作者如果没有毁掉文件的话，就无法控制它的传播。这就是媒介交际的本质：信息与原作者分离，原作者和接受者可以永远是陌生人。这种交际的原型是文字，因此也应视之为公共领域的出现在结构上的先决条件。

　　正如哈贝马斯（Habermas 1991）在 20 世纪 60 年代所构想的，公共领域连接着个人家庭环境和非个人化的国家。在他所分析的资产阶级社会中，这涉及对机构的一个相对稳定的安排。这些机构管理着不同群体的人们如何组成一个虚拟或想象的社区共同生活，而这一社区"由个人聚到一起形成公共领域，并将社会需求传达给国家"(Habermas 1991：176)。当然，上面讨论的语言景观早期标志，并不能算作是公共领域的表达。哈贝马斯认为，公共领域是在18世纪，随着识字率进一步提高、个人获得更高程度的自主、法制的发展、出版社的增加以及社会成员更高质量地参与而出现的。进入现代之时，有文化的资产阶级引领着公共领域的形成（图2.4）。对文学作品的消费和相对自由的讨论成为一种新现象，即为公共舆论的出现提供了丰富的土壤。在哈贝马斯的分析中，公共舆论对于区分国家和社会至关重要。我们可以在雅典广场语言景观的一些要素中看到公共舆论的初期形式，这些要素表达了将公共舆论看作社会秩序中的一个重要组成部分的观点。匿名刻写的陶瓷碎片被用来投票决定某人的放逐，这是一个基于陌生人交际做出公共选择的例子。它们以实物证明了，积极参与政治生活和社会组织的现象不是大家都接受或是由传统决定的，而是由一群积极参与者形成的。他们共同拥有一个公共领域，它是"对陌生人开放的持续交际过程，也是形成团结和归属感的一种形式和过程"(Koller 2010：265)。[①]

图2.4 在公共领域：读报。1847年奥诺雷·杜米埃（Honoré Daumier）为《喧哗》（*Le Charivari*）创作。

---

① 科勒在援引卡尔霍恩（Calhoun 2002）。

文字工具性和象征性的功能成为社会机制出现公共领域的前提条件。只有那些能在陶瓷碎片上写下名字的人才能参与投票选举。文字改革中经常出现的讨论提醒我们，文字凭借其视觉上的独特性成为社区的一个重要符号。第 6 章将深入讨论这一话题。在使用陶瓷碎片投票的形式中，文字是一种政治参与的工具，它允许个人发展自主意识和影响环境的能力。正是在这个意义上，我们必须理解上文引用的托马斯（Thomas 1992：72）所说的文字对希腊城邦政治组织的影响。

尽管文字并不是刚才提到的特点形成的唯一原因，但是很难想象没有文字的话，这些特点该如何形成，这是因为文字兼有个人化和社会化的特点。一方面，它使公民团体中的每一个成员意识到，文字对每一个人有吸引力；另一方面，它产生一个社区并对该社区具有吸引力。与此同时，通过使语言与说话人分离，文字产生抽象的作者，即权威，这样有助于官僚的形成及其权力的稳固。

从另一个意义来看，文字是公共领域的起源。在古代，社会和文字因素使得读写能力是专家的领域。一方面，经济资源缺乏不允许大量人口脱离劳动去接受教育；另一方面，早期文字系统的复杂性也阻碍了读写的普及。但是即使在这种环境下，文盲也有可能学会公开展示的文字。这是不可避免的。尽管平民百姓需要很长时间才能学会使用文字，但从长远来看，文字是不受控制的。在语言景观自上而下和自下而上的物品中，文字体现了权力和抵抗二者的辩证关系。文字既是维护制度权威的工具，也是反对掌权者和挑战权威的工具。我们不应把文字的这种双重性看作文字和其他技术一样中性自主的证据。因为文字所形成的公共领域在单一的口语交际的条件下是不存在的，所以文字不是中性自主的。在没有文字的社会里，与陌生人交际是不大可能的。在公共演说中，演讲者可能不知道自己的观众是谁，但演讲者不能匿名。在面对面的交际中，初次交谈便能使双方建立关系。不同的是，以文字为媒介的交际允许作者和读者永远不知道对方是谁。

与陌生人交际是公共领域和语言景观的一个本质特征。古代城市语言景观的遗迹提醒我们，文字媒介使这种匿名交际成为可能，这样原作者不知道我们在阅读他们的信息，而我们也永远无法得知原作者是谁。文字对社会和语言都有影响。那些生活在语言景观中的人们只能与之互动，端正自己的交际行为，并从中意识到什么改变了，什么一直留存了下来。语言景观中的语言获得明显的历史深度，社会则扩大了它的交际行为。作为一个现代研究领域，语言景观研究公共领域展示的文字。尽管"公共领域"未必指的是一个可以确定的空间，但它预设的是一个城市化社会。同样，语言景观研究通常关注城市环境。事实上，语言景观是城市语言景观，尤其是在多语环境中。语言景观的所有开创性研究都与城市相关，例如布鲁塞尔（Tulp 1978）、蒙特利尔（Landry and Bourhis 1997）、耶路撒冷（Spolsky and Cooper 1991）、巴黎和达喀尔（Dakar）[①]（Calvet 1990）等。[②] 重要的是，正是在城市中，文字才演化并展现出它的全部潜能，这是因为，共存互动的复杂形式需要交际表达摆脱口语易变和直接的局限性。语言景观为研究城市化社会中的语言提供了一个视角，研究对象是语言及其变体在城市里的多维分布，而不是传统方言学所研究的语言变体的地域分布。和公共领域一样，语言景观不是一个中性的或不变的地方，而是一个有利害关系的参与者争夺影响力，并在争夺过程中改变语言景观的领域。在第7章我们将看到，电子媒介革命已经改变了，并将继续改变语言景观和公共领域。书面语是这场革命的核心，因此在接下来的两章里，我们将会深入探讨文字对语言的影响和读写能力对社会的影响。

讨论题

1. 文字在何种意义上为语言提供了历史深度？

2. 我们从希腊城邦里与语言使用和政治参与相关的陶瓷碎片中学到了什么？

3. 语言景观中"自上而下的物品"和"自下而上的物品"指的是什么？它们对研究社会中的语言有什么意义？讨论你自己周边环境里的例子。

4. 语言景观和公共领域这两个概念如何互相联系？

[①] 达喀尔是塞内加尔共和国的首都。

[②] 有关语言景观最新的全面概述，可参阅巴克豪斯（2007）和戈特（2006）。

第 3 章　书面语和非书面语

> 一种语言由口语转换成文字，其所涉变化极大，其中最明显的变化包括口语表述易变特征的减少及所用文体的固化等。(Cardona 2009：132)

语言资源

世界上大部分语言从未有过书面语形式，但是世界上大部分人口通过学习获得读写能力。这意味着，差不多在所有地方，口语和书面语之间交际的分工与把不同语言赋予不同功能的社会语言布局是一致的。研究这些布局的一种方式是将语言看作资源。这里需要规定语言资源系统化的两个维度：参照群体和语言的功能潜势。对于第一个维度，问题是"谁的资源？"，而第二个维度询问的是"哪种资源？"。参照群体是以群体大小和特征来确定的，从大到小按照降序排列依次是：世界、国家、民族、组织、家庭和个人。语言按照功能维度可以划分为多种资源：智力、文化、情感—象征、社会和经济资源。我们使用这两个维度可以建立如表 3.1 所示的矩阵。

表 3.1　语言作为资源的矩阵

参照群体 ＼ 资源	智力资源	文化资源	情感—象征资源	社会资源	经济资源
世界					
国家					
民族					
组织					
家庭					
个人					

根据这一矩阵，我们可以从"语言对于不同参照群体代表哪种资源"的视角来比较语言。我们可以在这个矩阵的单元格内加入加号和减号或者更详细的信息。见表 3.2、3.3 和 3.4 的例子。

表 3.2 作为资源的苏美尔语

资源 参照群体	智力资源	文化资源	情感— 象征资源	社会资源	经济资源
世界	+	+	−	−	−
国家	−	+	−	−	−
民族	−	−		−	
组织	+	?	+	+	+
家庭	−	−		−	
个人	+	+	+	+	+

表 3.3 作为资源的法语

资源 参照群体	智力资源	文化资源	情感— 象征资源	社会资源	经济资源
世界	+	+	+	+	+
国家	+	+	+	+	+
民族	+	+	+	+	+
组织	+	+	+	+	+
家庭	+	+	+	+	+
个人	+	+	+	+	+

表 3.4 作为资源的奥克西坦语

资源 参照群体	智力资源	文化资源	情感— 象征资源	社会资源	经济资源
世界	−	−	−	−	−
国家	−	?	−	−	−

（续表）

资源 参照群体	智力资源	文化资源	情感— 象征资源	社会资源	经济资源
民族	–	–	–	–	–
组织	–	–	–	–	–
家庭	–	+	+	+	–
个人	–	+	+	+	–

苏美尔语已经灭亡，但是，作为较早有书面形式的一种语言，苏美尔语就像世界遗产一样，可以被看作世界的一种智力资源和文化资源，或许也可以被看作伊拉克的一种文化资源。但是如今，对任何一个国家或民族而言，苏美尔语都不是一种智力、情感—象征、社会或经济资源。一些组织，例如学术团体及其成员或许将苏美尔语视为一种资源，这是因为从经济角度来看，它为高校一些科研人员提供了生计。苏美尔语作为一种文化资源的角色，这一点或许有所争议。人们也难以想象从什么意义上来说，苏美尔语可以是家庭的一种资源。

法语矩阵看起来不同于苏美尔语矩阵。法语在世界层面发挥一定作用，例如它是联合国和其他国际组织的官方语言之一。作为一种有着丰富内涵而又充满活力的文学语言，法语在每一个层面都称得上是一种文化资源。法语作为一种情感—象征资源备受重视：在国家层面，尤其是在法国；在民族层面，例如加拿大的魁北克人和比利时的瓦隆人（Walloons）；在组织层面，例如传统上使用法语的国家和地区组成的法语国家组织；家庭和个人层面自不必说。法语所代表的社会和经济资源同样如此。法语服务于世界、国家、少数民族和组织等层面的社会网络，并间接服务于家庭和个人，它在所有这些层面上都是一个重要的经济资源。所以，法语矩阵里所有单元格内都是加号。

再看奥克西坦语（Occitan）矩阵。奥克西坦语是法国南部一些老年人讲的语言。它的单元格内大都是减号，只有几个例外。在家庭和个人层面，奥克西坦语作为一种文化和情感资源，还发挥着一定作用，并服务于社会网络。只有在这两个层面才会使用加号，表明奥克西坦语是一种资源。但是，大部分讲奥克西坦语的人并没有把他们看作一个独立民族。尽管在国家层面上，奥克西坦语在法国语言历史上有记录，它或许被看作一种文化资源，但是在国家和世界层面上，它并不构成一种重要资源。

　　如果将这一练习推向极端，那么矩阵在什么条件下只有减号？事实上，很多语言符合这些条件，也就是那些已经灭亡而且没有留下痕迹的语言。例如，与苏美尔语不同，安哥拉的柯瓦迪语（Kwadi）已经消失，而且没有留下书面记录。我们知道几十年前只有一个小社区说这种语言，仅此而已。最后一位说柯瓦迪语的人在20世纪80年代去世。关于柯瓦迪语的资料极少，以致人们无法将其归类，更不用说继续研究这种语言了。从矩阵的各个类别来看，柯瓦迪语对任何参照群体而言都不是一种资源。

　　除了加号和减号，我们可以在单元格内填写相关信息。例如法语被法国人和其他人看作一种重要的智力资源；法语是一种颇受欢迎的外语，而且它又是一个相当大的产业的基础，所以它构成一种经济资源；一些国家的精英使用法语来建立和维持跨国网络；奥克西坦语和法国其他语言并不是社会、经济和智力资源，它们与法语不一样；等等。大家都知道不同语言在各自环境里发挥着不同功能。使用加号和减号的两极矩阵只是一种便利工具，是为了突出比较重要的区别，并将其系统化。结果证明，大部分的区别与语言是否以书面形式使用及其使用程度有关。文字对语言有什么影响？这个问题再次要求我们从社会和语言两个层面来回答。

书面语和非书面语的社会特征

　　正如苏美尔语的例子所展示的，如果一种灭亡的语言有书面记录的话，那么它仍然可以是一种资源。对于活着的语言，其文学地位也是一个决定性因素。在许多而非全部的西方社会里，一种主导的通用语言被认为是一种无标记的语言。它是每个人都说的语言，是每个人在学校学习如何写作的语言，是每个人出生证印发和墓碑上雕刻使用的语言，也是大众传媒、高等教育、法律和宗教信仰所使用的语言。像英语、法语、意大利语、西班牙语、荷兰语和德语等语言在它们各自国家里符合这一要求。一些少数民族确实有他们自己的语言，但那是另一回事。这里的问题是，在相对应的言语社区，人们认为霸权语言覆盖整个功能范围，从最随意和亲密的到最正式和官方的。法语、德语和荷兰语等可以用于酒吧柜台上的聊天，也可以用在向当局提交的申诉请愿书中。这些目的需要使用不同语体，但人们把不同语体看作同一种语言的不同表达方式。在"选词"和"文体"上明显的差异没有被忽视或看作偏离，而被理解为一种高度培育的语言在功能上的具体表现。其中隐含口语和书面语一致的思想，这种思想具有很强的意识形态，反映了"你手写你口"的原则。这一原则从现代早期便影响着欧洲的母语教育，但它并不意味着每个人应该写他或她所说的，也不意味着应该以书面形式反映口语的易变性。

通用语言和"你手写你口"的原则是语言实践的理想类型和模式，而非如实描述。事实上，如果出于本章目的，我们忽视电子通信最新的发展，那么大多数言语社区的语言生态都有关于如何使用语言资源的明确看法，其中包括：什么语言适合书面写作，什么语言不适合书面写作。"你手写你口"从来不是为了或是能够适用于所有人和所有口语形式。结果如表3.1所示，参照群体的语言行为是基于语言、语码或变体的等级体系。

语码和变体这两个术语有助于回避这一领域在术语使用上存在的问题。一个问题是大家都知道的，确定语言的构成具有较大的难度。语言学家尚不能令人满意地解决这一难题，他们承认，单靠语言标准来解释如何将口语形式的连续体划分成不同语言是不够的。因为社会里运作的社会文化意识形态影响着对语言变异和语言变体分布的描述（Wolfram 1997；Coulmas 2005：21f.）。例如，参照标准德语对荷兰语和瑞士德语在结构和词汇方面进行比较，人们几乎不可能预测出荷兰语（而不是瑞士德语）能被看作一种语言。如果我们想了解两者之间的差别，以及它们与德语之间的关系（包括荷兰语用于书面写作，而瑞士德语——更确切的说法是瑞士德语方言——通常并不用于书面写作），那么我们必须借助历史和政治因素。但是，正如第1章所讨论的，文字不应干扰语言描述，所以我们应该忽视文学地位和其他语言外在因素引起的差别。对于结构语言学来说，这是合情合理的。但是，社会语言学家不能如此效仿而不顾语言生态里最重要的社会区分。德语在这方面有一个相关的很形象的术语：*Mundart*（方言），字面意思是"说话方法"或"说话方式"。瑞士德语方言是方言（Mundarten）。瑞士人承认他们方言独有的口头性，并把德语称为"书面德语"，这个术语在德国德语中并不常用。在瑞士德语区人们的日常术语中，他们将他们的书面语看作德语。不同的是，在荷兰，文字标志着荷兰语不同于德语。德国北部说的方言和荷兰边境东部说的方言很接近，但是义务教育将边界这边的人变成说荷兰语的人，而将边界那边的人变成说德语的人。

与德语 *Mundart* 相对应的是法语的 *patois*（方言）。在古法语中方言指的是"没文化的阶级说的粗俗难懂的话"。如今方言指的是"一个地区的当地方言，用于日常非正式场合而非文学和教育"。[①] 在法国，没文化的人不多，但人们还是把方言和口语形式相联系。它是一个没有文字的变体。在法国，法语的方言变体和与法语没有紧密联系的口语形式会被归为方言。因为这个术语像英语的 dialect（方言）一样有明显的贬义，所以它通常不用于社会语言学（除了用于加勒比海英语变体的名称之外）。不仅如此，在许多社会，方言变体不仅被看作乡下人说的话，而且被看作有缺陷的语言系统，所以社会语言学家在努力改变这一认识。就像伯恩斯坦（Bernstein 1966）所说的，有限语码本身不应被看作下等的，拉波夫（Labov 1969）也阐明，应该承认黑人英语内在的逻辑性，而不应将黑人英语看作俚语而不屑一顾。法国社会语言学家也在研究方言。因为方言口语与种族、性别和年龄一样，也是一种可以产生歧视的社会标记，所以展示这些变体受规则管辖的本质不仅仅是一种语法练习，其真正目的是为非霸权的口语形式建立尊严。

在这方面，卡尔韦（Calvet 1987）提到"语言战争"，并批评中央集权的法国对不够标准的口语形式的系统压制。他认为，奥克西坦语是一种与法语不相上下的语言，这是因为基于语言内在特征（音系学、形态学和句法学），法语并没有什么能让它拔高超过奥克西坦语的地方。但是，语言在社会中的地位并不完全只是由语言结构上的特征决定的。对卡尔韦来说，一个人认为她说的是方言而不是奥克西坦语，这表明她歪曲的语言自我意识和奥克西坦语低微的地位。马尔法尼（Marfany 2010）对这种观点提出异议，批评这种观点有误导性。无论说话者的语言自我意识如何形成，以及它是否或在什么程度上反映语言事实，它都是任何社会语言布局的一个重要组成部分。马尔法尼认为，语言学家有理由摒弃方言等具有意识形态的概念，但是社会语言学家这样做是欠考虑的，这是因为语言，"真实的语言，那些在真实世界存在的语言并不是既定的，而是历史建构的，是漫长历史过程的产物，也就是说，这一过程的本质是社会的而非语言的"（Marfany 2010：6）。

至于奥克西坦语，法国教育部（它的议事日程基本体现的是单语思想，对少数民族语言实行的是限制性政策）和积极分子（他们认为自己投身一场民族解放斗争，号召大家承认他们的语言与法语、西班牙语、意大利语

---

① 《钱伯斯 21 世纪词典》（*Chambers 21st Century Dictionary*），www.chambersharrap.co.uk/chambers/features/chref/chref.py/main?title=21st&query=patois。

等语言不相上下，并坚持认为存在奥克西坦民族）之间断断续续地进行着一场意识形态斗争（EBLUL-France 2007）。在这些今天有关少数民族语言公共话语的典型环境里，很难想象人们能够不受意识形态影响而对"语言或方言"的问题做出客观的决定。马尔法尼（Marfany 2010：7）认为，讨论的焦点是社会现实而非语言现实。由于"对之前存在的方言进行社会同质化"，法语很自然地被看作一种语言，而奥克西坦语和其他罗曼语（Romance）方言，例如威尼斯语（Venetian），并没有被看作语言，虽然它们"在中世纪末期已经很接近成为语言，但是它们从未成为语言"。在威尼斯共和国（Venetian Republic）① 时代，威尼斯语曾享有极大的威望，但是在托斯卡纳（Tuscany）方言一跃成为意大利国语以后，威尼斯语就黯然失色了。虽然从语言谱系的角度，把威尼斯语归为意大利语的姐妹语言更为准确（Ferguson 2007），但是今天说威尼斯语的人和其他人认为，它是限于非正式场合的一种意大利语方言。一位说威尼斯语的人阿尔蒂科（Artico 1976）将它称之为"方言"。

从非技术的意义来看，法语的 *patois*，德语的 *Mundart* 和英语的 *dialect* 是社会事实而非语言事实。在相关地区或国家的语境中，它们与一种霸权语言一起，形成一个地位等级体系，其中霸权语言在最上面。方言的易变性以及它们在一个社会语言环境里相对的距离，成为语言分析的一个挑战，但对理解那些同时存在的口语形式（其中一些被说话人和其他人承认是语言）意义不大。当说话人贬低某些变体，称其为方言，或称自己说的话是方言的时候，他们描述的是他们所理解的当前的等级体系。他们这样做是在描述并固化霸权的语言意识形态，那是社会语言布局的一部分。在法国，不够标准的变体和不相关的语言被称为"方言"，这种现象只是突出了这一点。"方言"和"语言"的差异与其说是语言上的差异，不如说是在地位等级体系中位置上的差异。这些社会语言布局和支持它们的意识形态有时受到无权或边缘群体的挑战，这种挑战有时会取得成功。正如第 6 章将深入讨论的，在任何改变一种地位等级体系和为没有语言地位的变体获得语言地位的计划中，文字一直扮演着重要角色。对于一个想要争取更高地位的变体而言，拥有书面规范虽不是一个充分条件，但却是一个不可缺少的条件。正如马尔法尼（Marfany 2010：9）引用的一位受访者所说："它不是书面语言。"所以说话人所理解的方言通常无法进入竞争。

---

① 威尼斯共和国（687—1797），意大利北部城市共和国，以威尼斯为中心，1797 年为拿破仑·波拿巴所灭。

从社会历史的角度来看，一种寻求语言地位的变体是（如奥克西坦语）否（如布列塔尼语 [Breton]）与其所在的等级体系中的霸权语言（如法语）紧密相连并不重要。更重要的是确定说话人之间关系的社会权力差异。通常不是一个有威望的语言凭借其资源优势为说这种语言的人在社会上获得优势，恰恰相反，当说这种语言的人获得优势的时候，这种语言也增加了威望。这种因果性有时变得模糊，这是因为语言在地位等级体系中获得优势的时间，比说这种语言的人在社会中获得优势的时间要长。

任何社会语言布局都包括书面和非书面的口语形式，它们通过功能分工一起构成言语社区的全部语言资源，并共同满足社区的交际需要。从社会语言学的角度来看，不言而喻，这种分工下的语言并非天生就有的，而是社会历史构建的结果，而书面规范成为主导语言霸权地位的承重柱。与语言学家所重视的、所有语言皆平等的观念不同，在一个社会语言布局中同时存在的口语变体是不平等的。在大多数情况下，使用处于从属地位的方言的人并不对此争论或讥讽。为所有的口语变体赋予平等地位是不实际和不可取的，但是第 1 章讨论的语言学界中的观点（即文字不重要）模糊了这一事实。虽然马尔法尼不是一位语言学家，但他为纠正这一观点提出理由：

> 不把书面语引入研究，我们注定会弄错任何语言的社会和历史。首先，没有文字就没有语言……事实上，我们可以从以下角度来看方言和土语之间的根本差别：方言没有书面形式，因为它不需要，它的书面形式是（书面）语言。伦敦东区的人讲的是伦敦东区话（即英语方言），但写的是（标准）英语。土语没有书面形式，因为它不能有。说土语的人不写土语，因为他们不能也不许写土语。(Marfany 2010：9)

马尔法尼直率的立场（没有文字就没有语言）与第 1 章所引用的布龙菲尔德所说的"为了研究文字，我们必须懂得一些有关语言的知识，反之则不然"（Bloomfield 1933：21）形成鲜明的对比。一般来说，两个人的观点不可能都是正确的，但他们可能都正确吗？事实上，通过仔细思考可以发现，因为他们的学科视角和研究领域大不相同，所以他们的观点并不相互对立。布龙菲尔德是一位美国语言学家，他面对的是北美大陆许多社区使用的口语形式。它们没有书面形式，但从结构多样性、相互交际性和社会语言布局的角度来看，这些语言不能称为彼此的方言或任何书面语言的方言。因此，他贬低文字的重要性，并称之为语言分析的障碍。与布龙菲尔德不同，马尔法尼是一名加泰罗尼亚的（Catalan）历史学家，主要研究兴趣是欧洲国家和民族主义（尤其是罗曼语范围内）的社会文化史。他强调文字的重要性，这令人信服。平民百姓使用的方言土语的类别可用于分析，这反映了他所关心的社会语言布局背后的社会态度。只有那些有书面形式的口语变体才可以获得语言地位。当我们把研究限于罗曼语领域的时候，获得语言地位是由于历史偶然和政治考虑，而不依赖语言结构特征。考虑一下皮卡尔语（Picard），它在比利时法语区享有语言地位，但在法国只被看作一种法语方言。主要的（书面）罗曼语有西班牙语、葡萄牙语、法语、意大利语、罗马尼亚语和加泰罗尼亚语①。此外，许多变体用于口语，主要是在非正式场合。它们一起形成罗曼语方言连续体（dialect continuum）。除了东部的罗曼语（即罗马尼亚语），这一连续体在地理上相邻，从语言自身进行分类并不容易。从它们体现的智力、文化、情感—象征、社会和经济资源角度来看，刚才提到的（书面）语言超过其他变体。但因为在大部分情况下，讨论焦点并不是比较或竞争问题，所以"超过"并不是一个合适的词。确切地讲，对几乎所有说着没有语言地位的罗曼语变体的人们而言，语言正常分工不是"你手写你口"，而是"写一种（国家、书面、文学、标准）语言，说另一种（方言、土语或少数民族）语言"。和世界其他许多地方一样，在他们的理解中，正如布龙菲尔德（Bloomfield 1933：21）所说，文字并非"只是利用看得见的符号来记录语言的一种方式"，而是使语言不同于"说话方法"的一种方式。

书面语和非书面语的语言特征

到目前为止，本章从资源和地位功能分工的角度，探讨了口语和书面语的差异。本节研究书面和非书面语言之间是否存在语言上的差异，如果存在的话，有哪些差异。这个问题可以通过两种不同方式来解决。一种方式是比较同一语言的口语和书面语形式；法语、英语和汉语的口语与各自书面语在结构上有哪些差异？另一种方式是，比较一种具有较长文学传统的语言与一种只用于口语交际的语言。

英语中的 grammar（语法）从词源来说来自希腊语中的 *grammatike*

---

① 加泰罗尼亚语是安道尔公国的官方语言和西班牙加泰罗尼亚、瓦伦西亚和巴利阿里群岛的官方语言之一，属于印欧语系罗曼语族。

tekhne"字母的艺术"。从一般普通的意思来看，语法是描述或规定书面语如何运作的一套规则，那么第一个问题可以换个说法，表述如下："口语有单独的语法吗？"受到非标准口语形式的社会语言学研究的部分影响，学者们已经积累了大量关于如何更好分析口语和使用哪些描述性类别的研究（Roberts and Street 1997）。这方面的研究初步得出肯定答案：口语的语法（例如黑人英语、有限语码、青年俚语、非正式会话等）是不同的，但它的确是一种语法。我们只需揭示潜在原则，而不同媒介渠道的使用使得这些原则在很大程度上不同于书面语法。例如，文字没有韵律，我们在口语中不能像书面语那样往回翻页。日常会话中的参与者都在场，互相能看到对方。他们为什么说、说些什么以及如何理解，有赖于他们的亲身参与。不同的是，文字的关键在于不依赖共有的情景语境而进行交际。

韩礼德（Halliday 1985）[①]强烈认为，从演化角度来看，书面语和口语的意义建构方式根本不同。文字和口语沿着不同路线，并根据不同功能需求而发展。因此，人们可以预料到两者潜在规则不同。奥尔森（Olson 1977）在一篇题为"从语段到文本"的文章里，对比分析了情景口语的语境依赖性和文本中意义明确且不依赖语境的表征。新的专门研究口语的研究范式在演化发展：从社会学视角有会话分析，而从语言学视角有话语分析。它们虽然研究方向不同，但一致认为"单词"和"句子"等语法的传统类别存在问题，未必适合口语分析（Gee 2005）。在这方面，林奈尔（Linell 2005）认为，尽管自从索绪尔以来，语言学界声称要做到口语优先，但是语言学基本分析概念源于文字。语法将语言描述为受规则管辖的系统，可以产生无限多完整句子，但却没有填充词（"嗯、噢"）、模糊限制语（"或是什么、可以说"）、反馈信号（"嗯、是"）、词汇短语（"无论如何"）、附着词（英语 shouldn't 中的 n't）、固定套话（"怎么了？"）、重复以及其他口语特征。学者们对比考虑会话和文字的运作条件，提出了口语语法。利奇等（Leech et al. 1999）提出最重要的条件有：

- ·会话是互动的。
- ·会话在共有的情景语境中进行。
- ·会话发生在真实时间里。
- ·会话涉及社会关系和情感态度。

[①] 韩礼德（1925—2018），语言学家，代表性理论有系统功能语法，代表性著作有《功能语法导论》《英语的衔接》等，英文版已由外语教学与研究出版社引进出版。

·会话使用有限语库。

·会话使用许多方言表达。

在此基础上，利奇（Leech 1999）和他的合作者已从事英语会话语法课题，声称他们的目的是纠正语法学家对书面语的偏见。他们的研究强调而不贬低口语和文字之间的差异，这体现了一种非正统的途径。

但是，尽管学者们已经积累了许多证据来支持口语和文字遵循不同语法，但是总有学者提出反对意见。对口语和文字差异的详细研究显示，人们所认为的一种形式的特征也能在另一种形式中找到（Biber 1988）。一段演讲可以照着文稿念，而文章也可以口语化。基于这样的观察，许多语言学家支持 20 世纪 80 年代首先提出的口语和书面语连续体概念（Tannen 1982）。连续体模式表明，我们可以按照不同标准来评价口语和书面语的例子，这些标准包括亲密—正式，参与—分离，个人—公众等。在文字社会，我们难以凭借只有两极（即口头和书面）的单一连续体来充分描述各种各样的语言行为。确实如此，正如我们在第 7 章将看到的，因为口语和书面语都存在正式程度的分级，所以以电脑为媒介的交际（computer-mediated communication，CMC）很可能进一步模糊口语和文字之间的分界线，使其更加复杂。但是，现在还不清楚，放弃口语和书面语典型例子之间的区分是否有助于我们深入理解文字对语言和社会的影响。

需要指出的是，口头—书面连续体概念以及会话语法，是为分析高度发展的文字社会中的语言行为而发展的。在这些社会，通常"读写事件"并不只是存在于"口头事件"（Heath 1982）当中，但两者都被认为是同一语言的具体表现。说话人和语法学家都长期广泛地接触文字。很明显，口头—书面连续体概念并不适用于没有文字的语言语法，这种语法是另一回事。在这种情况下，我们必须考虑上面提到的问题的另一种情况："没有文字的语言语法是否表现出不同于有文字的语言语法的特征？"本章开头所引给出了一个肯定答案。它的作者乔治·卡尔多纳（Giorgio Cardona）是一位人类学家和语言学家，有着研究非洲没有文字的语言的丰富经验。他也是一位文字系统的专家。他提到的口语易变是指口语不仅是短暂的，而且一旦变成文字，便会固定下来以便随意地重新查看。从另一个更深层的意义来看，口语不像文字可以在字典里查阅那样清晰可辨。致力于记录濒危语言的语言学家简要分析了存在的问题：

在许多文字社会，说本族语的人比较清楚字的性质，但他们对字的界限的感知大都基于他们熟悉的正字法规范……在许多没有文字的社会，说话人也能将语段切分成字大小的形式—意义的搭配……但是，这种切分的一致性因个人和言语社区的不同而变化很大。

(Himmelmann 2006：254f.)

基督教语言学家在研究在礼拜仪式上使用的没有文字的方言的时候，也有相似发现："没有文字就没有确保一致性的方法。"(Tanner 2004：68)界定语言单位（不论是字还是语言）中的变异和不一致，这是所引用的卡尔多纳（Cardona 2009：132）对没有文字的语言易变性的评论。它使我们回到第 1 章提到的，有关语言单位是理论构建的观点。语言纪录工作确认了文字对这些构建的影响："当人们能使用一本字典查一个单词，看它如何拼写和阅读定义的时候，言语社区对这个单词'正确'用法的权威便注定改变了。"(Haviland 2006：160) 在没有文字的语言中，不仅字词有问题，而且更高层次的单位也有问题。文字总是强加一种无形结构。希梅尔曼（Himmelmann）的报告中记录了让懂得一种主导语言的人来转写他们本族没有文字的语言的情况，该报告很有启发性：

在初始阶段，因为转写的文本看起来到处是不一致的地方，也缺少表明高层次单元（转写的文本好几页都没有一个标点符号或缩进来表示一个新单位的开始），所以它们很难看懂。经过一段时间，通常受到研究者做法或主导语言文字文化的强烈影响，一套更为一致且"有序"的转写做法会出现并直接进入言语社区正在出现的读写能力中。

(Himmelmann 2006：254)

缩减与扩展

希梅尔曼所描述的是一种语言及其说话人从口语转向书面语的过程。这个过程通常被学者们（尤其是传教士兼语言学家）称作"将一种语言缩减成文字"。我们会问："在什么意义上'缩减'？"这个问题至少有三个答案。首先，没有一种文字是口语在视觉上的如实表现。它忽略了节奏、音量的变化、语调、音高和其他发音特征，更不用说肢体动作和姿势，所以是一种缩减。

第二，它缩减了口语的易变性、变异性、模糊性和不确定性。英语中的 *myself*（我自己）是一个词还是两个词，那么 *their selves*（他们自己）呢？在文字中，通常以一种或另一种方式来确定单词界限；口语中的界限就需要视情况而定了。一种表达的多个意思在书面形式中缩减，因为人们认为单词有明确语义，这使我们可以询问："这个术语的字面意思是什么？"这个问题在口语中没有多大意义，当然在没有文字的语言中也没有意义。"我想知道这是一个句子吗？"像单词一样，句子在口语中不像在书面语中是一个明确可辨的类别。正如阿伯克龙比（Abercrombie 1963：16）所说："传统上，句子被定义为文章的一个单位，而不是会话单位。"句子按理是书面语的一个单位。即使在有着几百年历史的书面形式和有文字的言语社区的语言里，口语和书面语中的句子也并不相同："口语中的句子比书面语中的组织更为松散，衔接更不紧密。"（Gee 2005：132）

最后，建立一个书面规范也是一个缩减。它缩减了相关变体的范围，并在语言之间划清了界限。开普荷语（Cape Dutch）是荷兰语的一个非标准变体。直到二十世纪初才有了自己的书面形式和参考语法，并从那时起被称为南非语（Afrikaans）（Willemyns 2003；Deumert 2004）。与口语不同，文字使人们询问一个问题：这是哪种语言？口语地区的易变性被称为方言连续体，例如西日耳曼语（West Germanic）、罗曼语和斯拉夫语（Slavic）通过文字被划分为若干语言。

在现代社会，为一种语言提供第一套文字系统的过程不应与文字发明混淆，因为那些忙着缩减语言为文字的人有文化，并带来语言运作的读写模式，正如希梅尔曼所说"进入言语社区正在出现的读写能力中"。由于这些认知模式和人们常用的历史上演化而来的罗马字母这一工具，所以迄今为止，几乎不可能为一种没有文字的语言开发一种中性的书写形式。这种活动的结果是缩减。

但是，为语言提供书面形式不仅是缩减，还是扩展。伴随着文字出现了更多种类的文体变异和新语类（genre），例如字典里的单词表、小说和法典，这样的例子不胜枚举。文字是语言发展的工具。克洛斯（Kloss 1967）[①] 首先引入距离语言（*Abstandsprache*）和扩展语言（*Ausbausprache*）这两个概念，以便解决在语言和方言之间划界限的问题，这两个概念在这

---

① 海因茨·克洛斯（1904—1987），德裔加拿大语言学家，他将语言规划分为地位规划和本体规划，并提出距离语言和扩展语言。

方面有用。不同方言因为两个不同原因而成为语言。一个原因是结构上和词汇上的距离："距离语言是一个语言单位，即使没有一个单词用这种语言写过，语言学家还是将它称为语言。"（Kloss 1967：29）它没有紧密相连而且可以互懂的变体，非洲许多语言在地理上相邻，但在谱系上无关，它们是因距离而产生的语言。不同的是，扩展语言因为"它已被塑造或重塑……以便成为文学表达的一种标准化工具"（Kloss 1967：29）而成为语言。它通过专门系统的词汇扩充和语法标准化而适用于所有语域，包括教育、法律和宗教。上文提到的通过扩展而与荷兰语分离的南非语就是一个例子。许多语言因为这两个原因都是语言。例如法语、德语和英语互相保持足够距离而不会被混淆，但它们也经历了数百年的扩展。其他语言，例如克罗地亚语（Croatian）和塞尔维亚语（Serbian）以及捷克语（Czech）和斯洛伐克语（Slovak）形成方言连续体，但是各自言语社区的舆论领袖决定通过扩展它们各自的语言，而增加语言之间的距离，而文字是这方面的主要使用工具。因为在以不同正字法或文字系统来划清界限和积累一个"真正"语言的参照语料库中，文字发挥重要作用，所以没有也不能有没有文字的扩展语言。

双言制（Diglossia）

语言扩展的结果未必是一种经过培育的统一语言代替各种方言。事实上，更为常见的是扩展语言出现后与方言并存。如果两者之间存在明显差异而且功能语域分工明显，那么该语言呈现双言制。英语 diglossia 来自希腊语"两个"和"舌头"。最早由科隆巴赫尔（Krumbacher 1902）针对现代希腊语的文学变体而提出，弗格森（Ferguson 1959）[1] 将这一概念引入社会语言学研究，并将希腊语、阿拉伯语、瑞士德语和海地克里奥尔语（Haiti Creole）作为双言制的典型案例。费什曼（Fishman 1967）[2] 有些削弱双言制这一概念，他将双言制与个人双语相联系，并反对仅将双言制用于存在谱系关系变体的协调使用上。之后学者们区分了许多不同类型的双言制，反映了不同社会语言环境、理论视角和定义（Schiffman 1997；

---

[1] 查尔斯·弗格森（1921—1998），美国语言学家，社会语言学的奠基人之一，代表性研究有双言制研究等。

[2] 乔舒亚·费什曼（1926—2015），美国语言学家，社会语言学的奠基人之一，研究领域涉及多语现象、语言规划、双语教育、语言和民族等。

Hudson 2002）。当这个概念运用到有着不同历史和生态的语言和多语环境的时候，双言制的定义变得模糊，但它对描述一种语言两种或多种变体在言语社区的习惯使用和功能互补仍然有用。这些变体是用于写作和正式演讲的"高变体"和用于普通会话的"低变体"。例如，在阿拉伯语世界，《古兰经》语言被固定为古典阿拉伯语（以下简称古阿语），它是世代相传而没有多大变化的高变体，而作为低变体的方言口语则继续演化，产生越来越多的差异。双言制是阿拉伯语言文化中一个重要组成部分，它包括一套复杂观念，即高变体受规则管辖，它更复杂，更有逻辑性，而且更美丽；低变体被认为不受规则管辖，但是令人感到亲切。由于高变体源于伊斯兰圣书，所以它与宗教的联系也发挥重要作用。古阿语是传统的载体，"使人们适应伊斯兰宗教仪式，确认他们的穆斯林身份，并将他们与纯洁、道德和上帝相联系"（Haeri 2003：43）。古阿语是一种通过学习才能学到的语言，它远离任何说阿拉伯语的人的母语，这就是为什么人们提出并已努力将阿拉伯语地域变体（如埃及阿拉伯语、叙利亚阿拉伯语和摩洛哥阿拉伯语）用于书面写作。但是，作为阿拉伯世界的一个统一特征，古阿语对阿拉伯世界的吸引力增加了阿拉伯语双言制的复杂性。结果是，当一个新的基于埃及的文字变体（即现代标准阿拉伯语）演化的时候，古阿语仍被看作阿拉伯语至高无上的形式。此外，现代标准阿拉伯语也远离阿拉伯语方言，但和口语变体一样，它"在很大程度上变幻莫测而且界定不清"（Kaye 2002：124）。

在印度次大陆上，双言制也很普遍，这似乎成为语言文化的一个根本特征。有不少关于孟加拉语（Bengali）[①]、僧伽罗语（Sinhalese）[②]、卡纳达语（Kannada）[③]、泰米尔语（Tamil）[④]、泰卢固语（Telugu）[⑤]和马拉雅拉姆语（Malayalam）[⑥]等语言双言制的研究。此外，"有趋势在原本或许没有表现出双言制的语言中发展双言制"（Schiffman 1997：212）。印度斯坦语（Hindustani）[⑦]也是这样。在印度独立时印度斯坦被选为印度国语，当时

[①] 孟加拉语是孟加拉国和印度西孟加拉邦、特里普拉邦的官方语言，属于印欧语系印度语族。

[②] 僧伽罗语是斯里兰卡的一种官方语言，属于印欧语系印度语族。

[③] 卡纳达语是印度卡纳塔克邦的官方语言，属于达罗毗荼语系南部语族。

[④] 泰米尔语是斯里兰卡的一种官方语言，也是印度泰米尔纳德邦的官方语言，属于达罗毗荼语系南部语族。

[⑤] 泰卢固语是印度安得拉邦和泰兰戛纳邦的官方语言，属于达罗毗荼语系中部语族。

[⑥] 马拉雅拉姆语是印度喀拉拉邦和拉克沙群岛的官方语言，属于达罗毗荼语系南部语族。

[⑦] 印度斯坦语是对印度语和乌尔都语的概括称呼，因两者语法基本相同，有共同的基本词汇。

许多知识分子认为这个方言太过粗俗，他们借助梵文文学来发展一种高变体。自古以来，印度许多书面语的梵语化（Sanskritization）使得文学变体和街头路人说的方言之间并不一致（Deshpande 1979：99）。布里托（Britto）详细描述的泰米尔语双言制就是一个例子。低变体包括"主要是口语和会话的变体，且与文学和古典变体不同"（Britto 1986：130）。盖尔（Gair）也描述了僧伽罗语双言制类似的情况：

> 文学僧伽罗语。其主要本质特征是文学主要动词的形式，尤其是其他变体所缺少的主谓一致……应当指出的是，这是几乎所有僧伽罗语书面语的特征，并不仅仅是文学本身的特征。
>
> 口语僧伽罗语，缺乏文学僧伽罗语的动词一致，但有两个主要变体，正式口语……和日常会话口语。（Gair 1986：324）

盖尔通过解释僧伽罗语双言制在社会文化上的重要性，强调他观察到的两个方面：斯里兰卡整体读写能力水平很高，以及僧伽罗语高低变体较少出现会合的迹象，这一点也是布里托在泰米尔语双言制现象中提到的。这很重要，因为在前现代社会，文化精英与没文化的大众之间存在社会差异，尽管这种社会差异是书面语和非书面语之间语言差异产生的肥沃土壤，但是正如瑞士德语和僧伽罗语双言制现象所表明的，识字率高的言语社区有时仍保留一种社会语言布局，其中高变体和低变体在语法和地位上存在区别。在这两个环境里，向社会引入读写能力创造了一个特别有利于双言制的环境。但是，伴随着现代化，读写能力的提升并没有使双言制消失。尽管瑞士识字率较高，但是瑞士人世代维持着标准德语作为高变体和方言作为低变体，从而将两者区分开来的传统，而僧伽罗语、泰米尔语和其他印度双言制也有类似情况。这也适用于阿拉伯语双言制："例如沙特阿拉伯在过去半个世纪已成为一个现代国家，但双言制依然存在。它并没有衰退，也没有处在衰退状态。"（Kaye 2002：124）

双言制不是一个自然现象，而是一个像文字一样的历史产物，而且与文字紧密相连。标准芬兰语（Finnish）曾是19世纪大量语言扩展活动的主题，它融合了许多方言成分。它是专门为书面使用而创造的。除了正式演说，它很少用于口语中。标准印尼语（Indonesian）在1945年被提升到印度尼西亚国语地位。它也是一种经过培育而用于书面的变体。在每日会话中，说印尼语的人使用夹杂着当地其他语言成分的各种方言（低变体），这些方言或多或少与标准变体以及它们相互之间保持一定距离。与低变体不同，高变体是一种受到监督和培育的标准变体。高变体词汇的创新自发性不及低变体强，而且常利用古典文学语言资源，例如古梵文、古希腊文和古汉语，它们有着较长的文学传统和大量文学作品。

在高变体语境中，人们通常不赞成从其他语言借词，这是因为高变体与一种理想的古代语言形式相联系，而且倾向于与一种语言正统主义意识形态（ideology of purism）相联系。一个很好的例子是希腊语高变体，即纯正希腊语（Katharevousa）。它是在 19 世纪早期创造的，是古希腊语和现代希腊语之间妥协的产物。由于纯正希腊语与古希腊语的语法和词汇相似，而白话希腊语（Dimotiki）包括许多土耳其语和阿拉伯语的借词，所以人们认为，纯正希腊语比已腐化的白话希腊语更适合用在一个新成立的现代希腊国家的文学、司法、行政和科学等方面。但在 1976 年，白话希腊语被定为希腊国语，纯正希腊语失利。有人认为直到 20 世纪初，纯正希腊语和白话希腊语的分离与双言制的讨论相关："从那时起，人们可以通过使用其他途径来分析希腊社会语言格局，例如伯恩斯坦与象征性控制有关的语码。"（Frangoudaki 2002：106）

如果弗兰古达奇（Frangoudaki）的分析正确，那么现代希腊历史证明我们之前提到的一点：即使双言制能成为语言文化的一部分，并能长时间存在，但它是人造的，转瞬即逝。学者们提出各种方法来描述双言制的动态性，最终产生"双言制连续体"（diglossia continuum）概念（Schiffman 1997）。毫无疑问，这一概念恰当地处理了几十年来在双言制主题下讨论的各种社会语言格局。我们详细分析几个例子，可以更多地了解不同变体被赋予的不同功能，并允许以不同方式发展，或者它们在一个稳定的环境或稳定一段时间后进入变化时期共存的许多方式。但是在本书中，介绍双言制总体特征比详细分类双言制的例子更有用。

弗格森（Ferguson 1959）发现了四个双言制的典型案例：阿拉伯语、希腊语、瑞士德语以及海地的法语和克里奥尔语。这四个案例和之后学者们分析的所有主要例子有共同之处，即高变体是一种经过培育的变体，有着书面标准，而且被编入权威性语言标准化材料中。这并不否认低变体有时也用于书面中，而且一些没有文字的语言中也有一种高度发展的变体，用于仪式和其他正式场合。在任何双言制例子里，高变体和低变体之间的分工受到社会语域结构、社会分层（社会阶级和等级制度）、读写能力和教育水平的调节，所以每一个双言制都表现出一些独有的特征，但正如这里讨论的例子所说明的，高变体总是用于书面和正式演讲，而低变体用于非正式场合。因为人们都说低变体，所以它并不是没文化的人使用的变体，而高变体则是书面交际语言。不可否认的是，高变体和低变体之间的分工存在重合，而且这种分工在所有双言制环境里并非固定不变。但归根到底，双言制是文字引入人类交际后的产物。它不是文字和读写能力的一个必然结果，而是一个真实结果。

我们必须认识到这一点。人们之前没有意识到这一点，而且在五十年的研究和争论之后，"双言制"成为社会语言学研究的关键概念之一，但却没有大家都接受的定义。这表明了该领域在理论上的弱点。这部分是因为人们对文字了解不够，将文字看作源于口语且附属于口语所导致的。双言制证明了引入文字产生口语和书面交际在功能上的差异，这对语言本身而不仅仅对它的使用有重大影响。

结语

本章回顾的书面语和非书面语的区分突出强调了文字对社会和语言的影响。在社会语言学里，学者们使用各种概念框架来描述这些区分的一些方面（见表 3.5）。

表 3.5 口语和书面语

口语	书面语
口语	文字
话语	文本
声音	意象
方言	标准语
方言	威望语言
有限语码	复杂语码
方言	语言
方言	扩展语言
口语	学到的语言
低变体	高变体

表 3.5 中相互对比的概念不能互换，它们也不是平行的。它们强调书面和非书面区别的不同方面，且这些未必是互相排斥的类别。方言特征有意无意地进入书面文章里。"口头文学"和"视觉方言"（指的是使用非标准的正字法来表现文学中的文字）并不被语言形式的研究者看作矛盾的。新闻广播、准备好的通告、照稿子念的讲话和上演的话剧表演等口语表现是有声文本，而对于许多人而言，非标准文字已经成为他们日常生活读写能力的一部分。方言口语、有限语码、用低变体进行的会话都可以进入文字。但问题是这些是有标记的例子。在伯恩斯坦（Bernstein 1966，1971）提出这些概念的英国语境里，大部分写作更接近复杂语码而非有限语码。口头语言在口语中实现，这话纯属多余。通常人们不会像舞台表演那样说话，那需要专业训练。书面语言在文本中表现自己，它未必是一个威望语言或学到的变体，但通常文本的产生是受标准指导的。人们在准备打断会话和书写信息的时候，需要考虑主要框架条件，例如有无共有知识、视野和情景。如果没有考虑到的话，说的和写的被看作偏离、有标记或有问题，这是因为在文字社会，人们清楚地知道口语和书面语的差别。虽然这些差别在不同社会里有所不同，但是它们在许多方面是一致的。文字不是视觉上的口语，而是对口头交际习惯的扩展。表 3.5 包括口语和书面语共存和分工的重要差异。第 5 章将详细讨论随着读写能力出现的各种交际行为，但我们首先仔细看看，一个社会怎样才能成为识字率高的社会以及读写能力如何与社会秩序相联系。

讨论题

1. 选择一种语言来填写表 3.1 的矩阵，讨论你具体填写的原因。

2. 马尔法尼（Marfany 2010：5）引用卡尔韦描述的一位老妇人的例子，她"说的是奥克西坦语，觉得自己说的是方言"。马尔法尼对这一描述作了如下评论："老妇人知道而卡尔韦明显不知的是，当她说方言的时候，她说的是方言，不是语言；当她想说语言的时候，她说的是法语。"讨论卡尔韦和马尔法尼对"语言"和"方言"理解的差异。

3. "字是在空白之间所写的。"讨论这一定义及其对口语分析的启示。

4. 语言资源矩阵能否运用到一个语言中分开或共同表现双言制的高变体和低变体？试着找一个合适的例子并讨论存在的问题。

资源 参照群体	智力资源	文化资源	情感—— 象征资源	社会资源	经济资源
世界					
国家					
民族					
组织					
家庭					
个人					

高变体作为资源

资源 参照群体	智力资源	文化资源	情感—— 象征资源	社会资源	经济资源
世界					
国家					
民族					
组织					
家庭					
个人					

低变体作为资源

第4章 读写能力和不平等性

评价读写能力是理解一个国家如何决定民主本质和程度的一个重要因素。(Creppell 1989: 25)

公共领域的读写能力

我们已经确定了口语和书面语之间的主要差别，现在让我们回到文字的社会重要性，尤其是它对公共领域的作用上。在第2章，我们看到，公共领域的种子已经种在了古希腊城邦里。在那里，"公共和私人之间的分离"（McGuigan 1996: 147）已经在发展，而且文字成为交际生态的一部分。对于受过教育的精英来说，信息在文字中的具体化使得内容和传递的分离成为现实。从那时起，文字就为两种文化的成长提供了基础。这两种文化一种是欧洲理性文化，另一种文化不考虑作者而从文本内在特点和一致性来审查文本（这是一种启发理性而非情感的文化）。

基于这样的精神，公共领域是理性领域。回想起来，它的现代化功能与克服欧洲前现代时期君主的绝对权力、启蒙运动、资产阶级社会的出现以及民主制相联系。哈贝马斯（Habermas 1991: 32）明确指出，1680—1730年这半个世纪是公共领域的"黄金时代"。在那时，公共领域是社会生活领域，公民不受国家监督在此聚集，并参与理性争论和辩论，而这些争论和辩论超越个人利益和朋友关系。似乎公共领域要求具备的前提条件是一个有文化的社区，且该社区能在原作者不在场的情况下接收信息（信息有发出者，但发出者不与接受者同时在场）。15世纪中期，印刷机出现并促进了印刷品的传播，这为启蒙运动以及现代文化（现代文化以客观知识和有事实依据的判断为代表）铺平了道路（Eisenstein 1979）。因此，在有关公共领域的文献里，读写能力只起到微不足道的作用，这有些令人奇怪。据说，理性—批判辩论展开的公共领域源于伦敦咖啡厅和巴黎沙龙。作为表达未经官方批准的公共舆论的方式，第一批报纸是公共领域的一个重要因素，它的出现协调着国家和社会。但是在18世纪，由于识字率很低，人们使用报纸和其他印刷品上的信息资料的能力非常有限。但是，在哈贝马斯的理解中，公共领域无所不包："所有公民都有进入公共领域的机会。"（Habermas 1974：49）但这并不意味着每个人都进入了公共领域。首先，狭义的公民身份将大部分人排除在外。"大家都有机会"是一个理想，它只相对于封建社会而言。在封建社会，人们的生活在很大程度上由出生决定，而新兴资产阶级提供了更广阔的生活机会，尽管并不是大家都有机会。从这个意义来说，"大家都有机会"是真的。

公平起见，我们不应忘记哈贝马斯有关公共领域原著的副标题：《论资产阶级社会的类型》（*An Inquiry into a Category of Bourgeois Society*）。公共领域的理想形式随着资本主义社会的兴衰而沉浮。它可能向所有人开放，但事实上仅限于能参加讨论文学、经济和政治等严肃话题的中产阶级，他们受过教育而且拥有财产。它是开放的，指的是它不会根据出生这一预先规定的标准而将任何人排除在外；但它又是一个排外的领域，仅限于那些能阅读的公民。在 18 世纪，这指的是受过教育的有钱人。哈贝马斯的公共领域是"高雅文化"领域。

如今，公共领域更加无所不包，而又四分五裂。它已经变得商业化、琐碎化、无价值，并被特殊利益群体占领。这些群体只对自己客户而非普通大众有吸引力（McKee 2005）。它确实变得更加平等，但是所有人都有机会仍然只是一个规范而非事实。读写能力是展现公共领域如何一直以来以及继续排外的一个很好的标准。要想参与有关公共利益的持久辩论，前提条件是具有小学以上的教育水平。当公共领域开始演化的时候，用于更广泛传播的印刷品是公共领域的核心，而积极参与这一领域更是以有能力解读文本和建言献策为前提的。这种能力在资产阶级社会的过去分布不均，如今依然如此。这是因为，尽管读写能力的具体意义一直在变，但它依然是不平等产生的因素之一。接下来我们从社会不平等的角度来跟踪解释读写能力传播与公共领域发展之间的复杂关系。读写能力使得公共领域成为可能，但与此同时，它把文化资本（cultural capital）（Bourdieu 1984）建立为在社会里进行区分和控制参与公共舆论形成（这成为现代社会一个越来越重要的构成要素）的一种有效方式。

不平等性需要考虑的维度有：社会分层、种族、性别、语言和民族。这一清单反映了社会语言学作为一个科学研究领域形成的时候先后重点研究的变量，这并非巧合。这些变量阻碍着识字率提升，也说明了一个更普遍的问题，即文化资本像金融资本一样分配不均，并不是社会所有成员都有获得社会商品的平等机会。这是因为在现代资本主义社会，资本分配受到机构管制，而机构在市场力量和社会公正的道德规范之间进行协调。市场力量以利润最大化的规则为基础，并奖励那些取得成功和获得经济收益的群体，因此不可避免地扩大了经济不平等和权力差异。社会公正的道德规范进入机构设计，来抵制这些趋势和保护弱势群体，以防资本主义社会组织方式（这种组织方式将实践技能、智力技能以及社会关系都纳入"资本主义积累法则"）的破坏（Streeck 2010）。在这一背景下，在制度主义框架下考虑读写能力会出现以下问题：什么机构、向谁、为了什么目的并以什么代价来提供读写能力？机构是以规则为特点的组织，这些规则由制定者设计并由接受者（通常包括设计者）遵守。在前现代社会，读写能力与教会紧密相连。不同的是，在现代社会，学校是提供读写能力的机构。但是，尽管学校宣扬普遍主义道德观（包括普通教育和有权参与社会组织），但是它并不能消除经济和社会不平等。承认这些不平等与人们说话方式有关是社会语言学的核心。这些不平等也与人们的写作和阅读方式有关。从这个角度来看，读写能力表明社会状态。

社会分层

《世界人权宣言》第 26 条规定："人人都有受教育的权利，教育应当免费，至少在初级和基本阶段应如此。初级教育应属义务性质。"假定义务教育旨在培育有读写能力的民众，但这一目标尚未完全实现。经济合作与发展组织（简称经合组织，Organization for Economic Co-operation and Development，OECD）的国际成人能力评估调查（Programme for the International Assessment of Adult Competencies，PIAAC）将读写能力定义为："使用与不同语境相关的印刷和书面材料来鉴别、理解、解释、创造、交际和计算的能力。读写能力涉及一个学习连续体，它使个人能够实现他们的目标，发展他们的知识和潜力，并充分参与到他们的社区和更广阔的社会。"[①] 即使是在富有的经合组织国家，仍有大批人口并没有达到这个标准。功能性文盲依然是个问题。在当今社会，因为"读写能力不平等导致收入、职业地位和进入特定劳动力市场机会上的不平等"（Movement for Canadian Literacy，n.d.），所以功能性文盲是一个问题。

我们今天观察到的读写能力社会分层是一个历史遗留问题（Graff 1986），这是因为，懂得读写的人很早便控制着书面信息在社会的流动。

---

① www.oecd.org/document/2/0,3343,en_2649_39263294_2670850_1_1_1_1,00.html。

通过文字行使权力变得越重要，这些人的影响力就变得越大。学会读写总是和特权以及社会优势相联系。读写能力和社会分层是双向的：社会阶级影响读写能力的分配，而印刷品的消费和生产表明了社会阶级。

　　读写能力和贫困数据紧密相连。这就是为什么成人读写能力（指的是参与日常生活中所有需要阅读和写作活动的能力）是联合国人类发展指数（Human Development Index，HDI）的一部分。这一指数不仅适用于发展中国家，而且适用于所有国家。尽管文化间存在差异，而且这些差异会造成人们对读写能力的不同态度，但是识字率与财富、社会地位和权力之间在整体上存在正相关关系。2008 年的人类发展指数报告包括了表 4.1 所列的几个最发达国家中缺少功能性读写能力的人口在总人口中所占比重。

表 4.1 经合组织多个国家的功能性文盲和低收入人口

国家	缺少功能性读写能力的人口 （%）	低于平均收入 50% 的人口 （%）
瑞典	7.5	6.5
挪威	7.9	6.4
荷兰	10.5	7.3
芬兰	10.4	5.4
丹麦	9.6	5.6
德国	14.4	8.4
瑞士	15.9	7.6
加拿大	14.6	11.4
澳大利亚	17.0	12.2
比利时	18.4	8.0
美国	20.0	17.0
英国	21.8	12.6
爱尔兰	22.6	16.2

数据来源于 2008 年的人类发展指数 http://hdr.undp.org/en/。

　　由于各国功能性读写能力的标准各不相同，所以很难获得可以比较的数据。从一些国家获得的识字率数据仅仅反映了中小学的入学率，而其他国家则使用调查数据。联合国教科文组织统计研究所（UNESCO Institute for Statistics，UIS）从各国人口普查、家庭调查和估计中，获得十五岁以上人口的识字率数据，并尝试建立国际标准（UNESCO UIS 2010）。识字率反映文化、社会和地域差异以及经济发展阶段。此外，除了比较不同国家教育体制存在困难，对发达国家成人文盲的污名化也是影响搜集可靠数据的一个问题。但是，从所有已有数据中可以清楚看到，成人文盲、低收入和低社会地位是相联系的。在功能性文盲中，贫困家庭过多，而读写有问题的人更可能从事低收入工作或没有工作，而且面临着陷入贫困的风险。功能性文盲状态意味着，有关福利和读写培训课程的信息经常到不了非常需要这些课程的人的手里。

表 4.1 表明，发达国家识字率不高并不只是历史问题。国际成人读写能力调查（International Adult Literacy Survey）（OECD 1997，2000）进一步展示了经合组织国家文盲问题的严重性。由于这些社会中，更多工作不仅依赖读写和计算能力，而且依赖信息经济中的技术能力，所以这些问题会加剧。知识社会能力的关键门槛一直在上升，而那些功能性读写能力未达标准的人被排斥的风险也一直在上升。正如巴顿（Barton 1994：196）所说："读写能力最终反映社会不平等：在权力、财富分配和接受教育机会上的不平等。"在最发达的国家，教育专家几十年来一直试着解决这个问题。他们获得了许多非政府组织的帮助，例如加拿大读写能力运动（Movement for Canadian Literacy）。该组织阐明了消除成人文盲的理由：

> 读写能力本身是社会阶级的一个本质特征。它是社会权力的一个工具。人们学习解读和使用一个文化中特定的符号和标志，从而成为该文化的一部分。他们在社会关系中使用语言来增长知识和发展潜力。一个读写能力不高的人会被社会主流群体排斥，并失去不少机会。（Movement for Canadian Literacy, n.d.）

如果有"人们学会解读的符号和标志"的话，这指的是他们消费的书面语类型，这些也受到社会分层的影响。对英国两种报纸读者的社会经济分类足以说明这一点。一类是易读的通俗小报，如《太阳报》（*Sun*）；另一类是高档的大版面报纸，如《泰晤士报》（*The Times*）。

表 4.2　不同社会经济地位的人对两种报纸的消费

社会经济地位	《太阳报》读者所占比重	《泰晤士报》读者所占比重
A（最高收入和正规教育水平）	1	16
B	6	41
C1	18	26
C2	35	9
D	26	5
E（最低收入和正规教育水平）	15	3

来源：Sparks 1991，引用自 McKee 2005：73

　　《泰晤士报》和《太阳报》之间的差别可以用品位来描述，但正如布尔迪厄（Bourdieu 1984）告诉我们的，品位是社会阶级问题。因此，《太阳报》和《泰晤士报》读者截然相反的社会分层，又证明了读写能力可以预测社会经济地位。在底层的人们读写能力不高，他们在劳动力市场面临着严重问题。现在在西方国家，人们普遍意识到必须纠正这一问题，这是因为在意识形态上对启蒙和平等的承诺深深扎根在这些社会，而这种承诺与不平等又是不相容的。但并不总是如此，正如使用读写能力作为排斥一些人参与政治的工具所表明的那样。

种族

　　公共领域的基础是有文化的人群，这些人参与公共舆论的形成并关注这些舆论。公共领域研究学者认为，有知识的公众对于民主运行是至关重要的。选举人必须知道他们为了什么而选举。因为大量相关信息是以书面形式传播的，所以读写能力对于政治参与来说是一个必要条件。这种观点是这样认为的。因为在西方思想界，自从文艺复兴的启蒙运动以来，平等、自由和民主在意识形态方面已经互相联系在一起，所以这种观点令人信服。我们都相信弗朗西斯·培根（Francis Bacon）的名言"知识就是力量"，但是如果知识不是写下来的，那么它还有价值吗？！对于民主需要读写能力这种设想，印度明显是一个反例，这是因为自从 1947 年印度摆脱英国殖民统治获得独立以来，尽管当时印度整体识字率只有大约 16%，但选举权力已经扩展到所有公民（Creppell 1989；Premi 2002）。印度独立的政治领袖认为，威斯敏斯特模式 ① 的政府值得效仿，但他们努力将政治参与和读写能力分开，因为如果不分开的话，那么英属印度留给印度的大批文盲将被排除在政治参与之外。因此，直到今天，各政治党派的图形符号仍然印在选票上（见图4.1）。

图4.1 允许不识字的印度人投票的政治党派图形符号

但是，在西方许多国家，在法国大革命（French Revolution）② 之后，当（男性）普选权思想越来越为人们所接受的时候，通过教育来限制选举权的做法不需要什么理由。正如儿童被排除在普选权之外，没有接受过教育的人也被排除在外。在19世纪和20世纪的上半叶，人们普遍认为普选权应该根据读写能力来确定。不像税收和财产标准，读写能力的要求是强加给所有公民必须遵守的 ③，所以它看似平等。一段时间以后，人们才意识

---

① 威斯敏斯特模式是以英国西敏寺官的名字命名的，即内阁是国家最高的行政机构，国家首脑为首相，而女王只是国家的虚位元首，礼仪上代表国家，首相和内阁对议会负责。

② 法国大革命是1789年在法国爆发的革命，它是世界近代史上一次规模最大、范围最广的资产阶级革命。它不但结束了法国几个世纪的封建统治，还震撼了整个欧洲大陆的封建秩序。

③ 父亲或祖父已经行使选举权的白人文盲除外。所谓的"祖父条款"曾用于美国南部各州来豁免白人文盲参加读写能力测试。

到读写能力要求和财产标准一样限制了选民。

克雷佩尔（Creppell 1989）分析了 19 世纪下半叶美国内战（Civil War）① 以后引入读写能力测试作为行使普选权的一个条件的原因。主要目的，尤其是在南方各州，是阻止以前的奴隶参加投票选举。在废奴之前，白人清楚地意识到读写能力颠覆性的潜力，他们从不教黑人读写，所以黑人读写能力水平很低。一些读写能力测试很难，要求朗读美国宪法或其他法律文件章节。在读写能力测试是所有公民都应满足的一个条件的幌子下，该测试成为剥夺黑人奴隶选举权的一个便捷方式："读写能力测试贴上了公正的虚假外表，这样就允许种族主义的选举做法并欺骗更多无知大众。"（Creppell 1989：31）

作为限制性手段，读写能力测试并不只是针对非裔美国人这一群体。因为爱尔兰大饥荒（Great Famine）②（1845—1852），所有从爱尔兰被迫来到美国的未接受教育的贫苦农民也被这一政策影响。但是，反对使用读写能力测试来限制选举的战场是种族关系。读写能力和种族之间错综复杂的关系与美国的民权运动（Civil Rights Movement）③ 一起成为热点。1965 年的《选举权法案》（Voting Rights Act）最终宣布，把人头税和读写能力测试作为注册投票的前提条件是非法的。这并没有降低美国社会对读写能力的评价，反而使得美国民主包括的范围更广了。

一些群体因读写能力水平不高而被剥夺选举权，而提高这些群体的读写能力是另一回事，这是因为阅读和写作不仅是专门技能，还是一种在现代社会对社会进步很重要的文化实践（Gee 1990），但是不同民族在不同程度上适应这种实践（Heath 1981）。在美国，直到今天读写能力水平仍然区分着不同民族。这种区分在多大程度上归因于文化上的偏好或接触印刷品、技术和其他资源的不同机会？这是一个热切讨论的问题。奥尔巴克（Auerbach 1992）要求对读写能力和经济流动性之间的相关性重新进行批判性评价，认为个人生活机会更有赖于种族和性别，而非对书面文字掌握的熟练程度。事实上，白人和黑人在阅读测试成绩上一直存在差距

---

① 美国内战（1861—1865），又称为南北战争，参战双方是北方的美利坚合众国和南方的美利坚联盟国，最终以北方胜利告终，美国恢复统一，奴隶制在美国南方被最终废除，促进了资本主义在美国的发展。

② 爱尔兰大饥荒，俗称马铃薯饥荒，是一场发生于 1845 年至 1852 年间的饥荒。在这七年的时间内，英国统治下的爱尔兰人口锐减了将近四分之一，大饥荒对爱尔兰的海外移民等多个方面有重要影响。

③ 美国民权运动是第二次世界大战后美国黑人反对种族隔离与歧视，争取民主权利的群众运动。美国民权运动最终赋予了黑人平等、自由和尊严。

(Corley 2003)。一项研究（Serpell, Baker and Sonnenschein 2005）深入调查了马里兰州（Maryland）巴尔的摩市（Baltimore）的读写课程。巴尔的摩市以非裔美国人为主。作者在结语中引用了前市长库尔特·施莫克（Kurt Schmoke）的话。这位非裔美国人在他的就职演说中说，他最大的心愿是使巴尔的摩市成为一个"阅读城市"。作者得出的结论是在他任职期间，这一目标并没有实现。这是因为，尽管在巴尔的摩市，读写教育得到高度重视，但是"截止到2001年，该城市38%的成人的阅读能力仍在六年级以下"（Serpell, Baker and Sonnenschein 2005：277）。在美国，非裔美国人是读写能力水平最低的民族（Jencks and Phillips 1998），其他国家处于弱势的少数民族在读写能力测试比赛中也处于最后。例如，澳大利亚土著人读写项目（Indigenous Literacy Project，n.d.）报道，澳大利亚土著学生中超过三分之一的人，在到了15岁的时候还没有掌握足够的读写技能来满足日常生活的要求。根据新西兰统计局（Statistics New Zealand，n.d.）统计的数据，毛利人口的读写技能明显低于白人人口。各国读写能力和教育水平的条件各不相同，所以将种族/民族与社会地位分离并不容易。但是，在存在种族问题的发达国家中，较低读写能力水平通常是种族、贫困和社会地位低下的一个很好的预示。因为各民族不同的识字率证明了不久之前普遍性受到了种族的限制，所以，即使是在发达国家，所有儿童接受读写教育的启蒙项目仍没有完全实现。

人们已经从物质和文化环境上，寻找了白人和黑人在读写能力上存在差距的原因，例如有色人种的学生在家里获得书报的机会有限，但是也有人举出语言因素。在美国，有人认为美国黑人英语（African-American Vernacular English，AAVE）是一种方言、克里奥尔语或语言，它与美国标准英语（Standard American English，SAE）如此不同，以至于以美国标准英语为授课语言的读写教育使非裔美国学生处于严重不利的地位。在20世纪80年代和90年代，美国发生激烈的意识形态争论，这一争论关于美国是否应当采用美国黑人英语来教非裔美国学生读写，或是相反，非裔美国学生是否应当努力纠正他们的口语，以便缩小他们的变体和美国标准英语之间的差距，而促进书面英语的学习（Ball and Lardner 2005；Redd and Schuster 2005）。因为这一争论与身份认同和语言权利有关，所以不可能有客观的解决方法。在本书中，这一争论令我们感兴趣，这是因为它使我们回到第3章有关双言制、方言土语、标准语言以及在书面形式中应使用哪种变体的讨论。

社会语言学的经典问题是：谁，在何地，出于什么目的，对谁，用何语言，说了什么？如果我们将这一问题运用到书面交际中，那么读写能力与种族之间的复杂关系为这一问题增加了两层复杂性，突出强调了这一问题不是一个可以自由选择的问题，这是因为选择受到社会框架条件的限制。它不仅是"谁写了什么？"而且是"谁能写？"因为不是所有语言都被看作书面交际的合法语言，所以"用什么语言"的问题也是由社会决定的。语言和变体的功能分布及其作为文字的可接受度，这些既是社会权力结构的一部分，也反映了读写技能在不同群体间的分配。除了种族，这方面最明显的变量是性别。

性别

历史上，在为实现全民识字的运动中，每个地方的女性都落后于男性。例如，在欧洲文艺复兴时期，女性平均教育水平和读写能力都低于男性。在几乎所有的地方，读写能力在两性之间的分布仍然不均衡，正如有关文盲的数据所示：世界上成人文盲中，估计有64%是女性。一个地域越不发达，该地域的文盲在性别上的差异越大，且农村性别差异比城市更严重。例如，截止到2008年，在撒哈拉沙漠以南的非洲，成年男女在读写能力上的差距是18%，而这一差距在南亚高达22%（UNESCO Institute for Statistics 2010b）。因此，发展中国家的扫盲工作与赋予妇女权利的运动紧密相连。新德里（New Delhi）尼兰塔妇女与教育中心的马利尼·高斯（Malini Ghose）直接指出："作为奉行女权主义读写能力的工作者……我们的责任是在社会和个人层面改变权力关系。"（Ghose 2001：296）这些工作者的出发点是书面语言所具有的不仅能作为获取知识，而且能作为分析社会里的权力关系和资源分配的工具的潜力。在发展中国家的农村地区，读写教育明显成为引起社会变化的一股力量。印度成为人们共同努力消灭农村文盲现象的典型。妇女在"全民识字"运动中的设计、执行和参与等方面发挥了关键性作用。妇女逐渐意识到，只把读写能力作为一种专门技能是不够的，读写运动需要与成人教育课程相结合，这些课程对文化差异敏感，旨在向人们传授有实用性的读写技能。在印度，由于"成人教育不能脱离引起社会变化的举措，所以这个课程被重新命名为'社会教育'"（Dighe 2000：324）。其他组织，例如亚洲及南太平洋成人教育局（Asian South Pacific Bureau of Adult Education）和巴基斯坦的布尼亚德扫盲组织

（Bunyad），从只关注扫盲转向更全面地关注成人教育。

这与"新读写研究"的研究方法是一致的，"新读写研究"所推崇的读写实践概念关注的是读写能力、权力和与扫盲运动相关的意识形态之间的复杂关系。在印度和其他发展中国家，读写教育是一个社会政治任务，它帮助妇女更好地与更广阔的社会联系，并反思自己的生活，因而使得她们能够在自己的人生规划中扮演一个积极而又有见识的角色。在这些语境中，读写能力是挑战传统社会布局的一股力量。事实上，在许多社区，性别平等观念是与读写课程一起到来的。但是，即使在一些政府支持性别平等的国家里，两性读写能力的差距依然存在。例如，吉特（Djité 2011）报道，在柬埔寨、老挝、缅甸和越南，通过自我报告和测试得出的女性识字率远低于男性。在拉美国家也发现类似的两性差距（van der Westen 1994）。因此，联合国教科文组织支持的扫盲运动采用基于性别的方法，主要针对的是妇女。这些运动与生活在贫困地区的人们的教育和健康等基本服务紧密相连。在这些地区，较高的文盲率与产妇和婴儿死亡率相关联（见UNESCO 1998）。人们期望读写能力会帮助这些处于弱势的农村和城市妇女改善她们对生殖健康的理解，增强她们的自尊，并通过传播教育价值而打破世代贫困的固化。

导致发展中国家贫困地区在性别上差距加剧的另一个因素，是学校课程和成人教育课程中被忽视的少数民族语言。较低的社会地位、性别歧视和少数民族身份一起形成了最大的障碍，这是旨在推动社会公正的扫盲项目必须清除的。许多国家在民族语言上的多样性进一步说明，让社会所有成员能够使用足够多的书面语以应付日常生活的各种需要这一宏大目标在社会、文化、经济和政治等各方面的复杂性。我们在看读写能力的语言维度之前，需要对读写能力、性别和成就之间的关系做补充说明，这有助于突出强调传统上两性在教育差距上的偶然性以及社会变化的不可预见性。

在过去半个世纪里，最发达国家的性别差距不仅在缩小，而且发生了逆转：成人中大多数属于功能性文盲的是男性。例如，根据2010年的一项调查，在德国，在18—64岁劳动年龄人口中，有14.5%没有达到功能性读写能力的水平，其中35.8%是女性，64.1%是男性（Leo 2011）。法国负责扫盲的国家机构报道，在18—65岁的人口中，有9%是文盲，其中41%是女性，59%是男性（ANLCI 2005）。在英国，16—65岁的人口中，有16%具有或低于11岁儿童的读写能力水平。

此外，成人中新的性别差距也反映在学校里。如今，男生读写能力差是一些西方国家所关心的问题。在英国，女生在英语、阅读和写作等所有读写类别中的表现都超过男生（Jama and Dugdale 2010）。李（Lee 1996）认为教室里的性别角色让"男生讲而女生听"。根据她的分析，女生较高的读写技能也归因于在教室里不同的"性别主体性"和性别关系的构建。莫斯（Moss 2007）采用民族志研究方法，分析了课堂中的读者等级，并考虑了分组大小、物理空间、教师姿势、允许学生移动等因素对学生成绩的影响。这些研究使新读写研究更可信，它们说明，读写技能的学习及其有效推广有赖于文化模式、等级体系以及社会期望和态度。读写实践最终从这些因素中获取意义。这些模式和态度在很大程度上影响着用于写作的语言及其文字系统。

语言和民族

在欧洲前现代时期的社会语言布局中，口头和书面交际之间的差异通常与语言之间的差异一致。自从文艺复兴时期以来，全民识字的推广与前现代时期社会语言布局的转变同时发生。最为突出的是，书面主要使用的基督教三大神圣语言（即希伯来语、希腊语、拉丁语，特别是拉丁语）的优势被逐渐削弱并最终淘汰，取而代之的是许多其他语言应用于文学。在前现代的多语欧洲，对大多数人来说，书面语与他们的口语大不相同。拉丁语随着罗马殖民化和基督教化占据主导地位，并产生两种功能上的分工。在今天的罗曼语地区，书面语和口语相关，但与口语越来越分离。在凯尔特语（Celtic）、日耳曼语和斯拉夫语的地区，主要的书面语和口语并不相关。在现代初期，各种同时发生的事件（例如人们在写作中使用方言，更多的人掌握了读写能力）缩短了口语和书面语之间的距离。但是，打破拉丁语垄断政治、宗教和教育语言的宏观趋势并不意味着"什么都可以"，即人们认为的任何口语都适合写下来。我们在第1章提到的布尔迪厄"合法语言"（legitimate language）的概念（Heller 2001）概括了这里讨论的各个问题。

当以拉丁语为主要纽带的罗马帝国解体而各国独立的时候，人们以建立不同的权力结构为名义结合，挑战了拉丁语的主导地位。结果，许多民族语言成为合法语言，拥有它们自己的文字系统和正字法。按照制度主义的说法，"合法语言"指的是一种享有某种官方支持的语言。通过在教育、政府通告和其他官方职能中的使用，该语言凭借自身的条件成为一种制度，最终产生对违反公认拼写规则做法的惩罚。正规教育逐渐普及，这使得书面语更接近普通大众，他们被教导这是他们必须学会读写的语言。民族语言作为教育媒介崛起，这为普及识字开阔了民主基础，但与此同时也产生了新的分化和不平等。为了使新的民族语言足以与拉丁语竞争，并承担相似功能，它们效仿拉丁语及其语法和拼写规范（Harris 1980），它们的标准化是作为政治控制的一种方式来强制执行的。用今天的术语来说，国语形成与国家建设同步进行。传授语言的一种特定形式对促进智力和道德的融合，以及建立"国家共同意识"发挥着重要作用（Bourdieu 1991）。法国大革命以后，由于更多的人进入学校接受教育，教育体制"无疑直接帮助贬低大众的说话方式，这些说话方式被视为'俚语'和'胡语'而不予考虑……强加对合法语言的认可"（Bourdieu 1991：49）。

拉丁语与权力、知识相联系，曾经享有很高威望。这种威望通过教育的国家化又转移到国语上，使得欧洲各地的小语种和方言在威望等级体系中下滑，这是因为，普通教育出于意识形态和实际的原因而使用合法语言。当地方言和少数民族语言逐渐与落后、狭隘相联系。在法国，现代性、教育和当地说话方式的去合法化之间的联系尤为明显。拉蒂绍（Lartichaux）描述了大革命前法国的语言格局："有权的讲法语，他们并不在意平民百姓继续讲本地语言。"（Lartichaux 1977：68f.）革命者将语言的支离破碎等同为统治者和被统治者之间无法弥合的鸿沟，而"语言一致是大革命的一个重要的组成部分"（Lartichaux 1977：68f.）。统一国家和废除特权，这是法国大革命的两个同样重要的目标，最后，清除各地方言也逐渐被看作法国大革命的一个目标。巴黎法语作为新的国家语言，与平等、理性和统一一起得到推广。因此，法语成为普通教育和通用文字的合法语言。拉蒂绍（Lartichaux 1977：82）注意到，出版社"被小心翼翼地放在战斗的前列，来创造一种在官方文献中使用的官方语言"，即布尔迪厄的"合法语言"。这种语言已经是公共领域的语言，而其他语言在公共领域里已无立足之地。

在许多方面，法国的语言管理体制是现代国家的典范。除了极个别国家，现代国家都是多语的，但国语享有优先权。它是肩负建设国家和维护统一任务的政府和教育的语言。现代国家支持单语主义思想，并通过合法语言把读写能力传授给平民百姓，但少数民族语言主要被看作国家统一和政治和谐的威胁。国语是进步的标志和工具，而地区方言和少数民族语言被看作过去残留下来的，因此也被变成了过去残留下来的。它们被描述成粗野、野蛮，比古典语言和现代文学语言低一等。现代文学语言和古典语言在政府、文化和正规教育中使用，因而共享威望。在法国这样一个高度集权的国家，长久以来人们认为这种威望不能也不该给予少数民族语言。这种想法不言而喻，几乎没有什么争议。

将合法性给予一种语言而非其他语言，这种现代政策的后果依然反映在今天本土和外来少数民族的识字率方面，他们的识字率比大多数以合法语言为第一语言的人要低。直到20世纪中叶，当联合国教科文组织采取了推广母语读写能力政策的时候，人们才增强了对语言歧视问题及其对民主政体意识形态上的含义的认识。这方面的扫盲运动主要针对的是发展中国家。在其中许多国家里，历史遗留下来的殖民语言成为主要书面语言，这被证明是向大众推广读写能力的一个主要障碍。但在这样的背景下，西方国家更难以忽视少数民族享有平等权利的要求。应该以母语教导所有儿童读写，但语言弱势群体的儿童除外，这种观点明显与平等主义意识形态不一致。

《欧洲区域或少数民族语言宪章》(European Charter for Regional or Minority Languages)声明其目的是："尽可能合理地确保区域或少数民族语言在教育和传媒领域的使用，并允许它们在司法和行政领域、经济和社会生活以及文化活动中使用。"随着该宪章在1992年通过，欧洲在处理少数民族和语言弱势群体方面已翻开新的一页，采取了不同于现代国家的后现代方法，更有多元性和包容性。但是，哪种语言用于读写教育的问题远没有解决。语言管理体制根深蒂固。对欧洲许多儿童来说，家庭语言和学校语言依然不同。正如上文所讨论的，这种差距有其社会性，中产家庭孩子的口语比工人家庭孩子的口语更接近学校语言，而区域方言也与学校语言大不相同。但是，当在德国斯瓦比亚 (Swabia) 小城镇、法国比利牛斯山 (Pyrenees) 或英国西米德兰兹郡 (West Midlands) 长大的孩子进入学校不讲标准德语、法语或英语的时候，他们的口语还是要比那些从土耳其、阿尔及利亚或巴基斯坦移民来的同龄人的口语更接近学校语言。

新移民来的少数民族在西欧富庶国家中越来越多，当地人也越来越感到新移民的存在，这都有助于提高人们对这些社会长期存在的文盲问题的关注。很明显，由于实现全民识字运动与国语制度同时存在，它们已经在两种人之间产生一种新的不平等。一种人接受以母语或相近变体为授课语言的读写教育，另一种接受以另一种外语为授课语言的读写教育。只有少数国家做出些许努力来解决这一不平等或进行补偿，它们为少数民族开展特殊读写课程（Extra and Verhoeven 1992）。

向多元社会少数民族成员提供读写课程有几个方面的问题。第一，给予一个群体及其语言认可（合法性）的问题。库尔德语（Kurdish）在土耳其、伊拉克或伊朗是否是一个合法语言，与它在瑞典或德国是否是一个合法语言，这属于完全不同的两个问题。瑞典大约有六万库尔德人居住，这是在德国居住的库尔德人人数的十倍，但这并不自动意味着，最近几年才在这些国家出现的库尔德语能够在这些国家获得认可。联合国教科文组织长期推广儿童应该接受以他或她的母语为授课语言的读写教育理念，如果一个国家同意这一理念，并接受全民义务教育的原则，那么由此是否可以断定，该国应该在其领土上用每个孩子的母语来向他们传授读写能力？如果只因为这是不切实际的，那么这不大可能。还有其他原因。为什么政府回避或拒绝用少数民族语言作为授课语言的读写教育？原因有缺少资金、缺少教学材料和师资以及意识形态等。许多人仍然把义务教育看作社会变革和国家建设的一种工具。几乎在所有地方，以国语为授课语言的读写教育比以母语为授课语言的读写教育更享有优先权。近些年，在欧洲和北美富有的国家，不断增加的移民人口使这一问题更加突出（Wiley 1996；Extra and Verhoeven 1992）。一些国家规定，移民用移民国的国语回答有关移民国历史、文化和法律的选择题来证明他们的国语能力，这成为移民获得在移民国法定居住权和工作许可的条件。这些国家以融入移民国为名义，要求移民通过国语测试。虽然从英国到意大利许多国家的政府通过了这种以融入移民国为名义的课程，旨在促进相互理解并帮助移民在社会上的发展，但是也有人担心，读写能力要求会成为控制移民的一种有效工具。这并非难以置信，也进一步支持了一种观点，即读写能力必须理解为社会权力结构中的一个基本组成部分。

其次是在资本主义社会至关重要的实用性问题。很明显，主导语言的读写能力对移民具有实用性，但是他们出生语言的读写能力是否对他们的孩子具有实用性，这在很大程度上取决于这种语言的地位。例如，阿肯语（Akan）[①]读写能力是否会帮助加纳在意大利的移民谋生？在加纳，英语是主导读写语言，从加纳阿肯来的移民大多会说两种语言。他们来意大利主要是为了挣钱，尽管他们出于身份认同和亲密情感等象征性原因而非常依恋自己的母语（Guerini 2006），但阿肯语读写能力对他们来说，不是

---

① 阿肯语是加纳一种较为通行的语言，属于尼日尔—刚果语系的大西洋—刚果语族。

需要优先考虑的事情。因此，加纳在意大利的移民并不会因为要为阿肯语读写教育获取支持而感到压力。而在加纳，和其他许多非洲国家一样，语言同质化（linguistic homogenization）以经济发展的名义得到推广（Djité 2008）。我们这里看到，发挥作用的是资本主义社会经济组织模式，它倾向于将市场化扩大到包括语言在内的所有生活领域（Coulmas 1992）。

在资本主义社会，国家的功能是控制市场扩大化，这是通过建立制度保护弱势群体，并纠正资源不合理的分配来实现的。最发达国家在 20 世纪下半叶实施各种保护少数民族的措施。总的来说，本土少数民族的同化压力已经减轻，在更广阔的多元教育的背景下，更多语言在学校课程中获得认可。已稳固的欧洲国家能对他们本土少数民族，并在较小程度上对移民来的少数民族表现出慷慨。但是，作为资本主义发展的一部分，一方（实用性规则和社会生活市场化）与另一方（对非经济利益的保护）之间一直存在着激烈竞争。我们必须在这一语境中理解母语读写能力的推广（UNESCO 2008）。市场力量加快语言同质化，这导致一些大语言的传播以牺牲许多小语言为代价。母语读写能力除了它所宣称的涉及的在教学上的优势，还被许多人看作对面临压力的少数民族语言的一种保护。这就是为什么仍然有些少数民族成员拒绝社会上的语言分工（因为那样的话，只有一种或几种语言用于书面形式），而希望他们的语言获得书面语言地位。这些语言包括缺少书面标准的语言，例如意大利东北部的弗留利语（Friulian）（Coluzzi 2007：203ff）、法国东部的阿尔萨斯语（Alsatian）（Broadbridge 2000）、根西岛法语（Guernsey French）（Sallabank 2002）和西班牙的加利西亚语（Galician）（Beswick 2007：229）。其他人则一心想着在已失去的功能语域里重新确立他们的语言，例如低地德语（Low German），17 世纪它在书面语中的使用被高地德语（High German）代替（Becker-Cantarino 1988）。这只是几个例子，它们并不能说明涉及少数民族语言读写能力的社会语言格局的多样性。

正是因为这种多样性，社会语言学家、发展心理学家和读写能力研究者已经开始研究这一问题，人们很可能会推断，用一种外语或第二语言来学习读写的儿童，不得不应付学习不熟悉语言和书面文字形式的双重任务（Sassoon 1995；Cook and Bassetti 2005）。这是否或在什么程度上是学习读写的一个严重障碍？这是个不容易回答的问题。如今，在根深蒂固的母语教育意识形态的影响下，出现了一股强劲趋势，这股趋势对该问题给予了肯定的回答。一些研究表明，第二语言学习者在掌握读写规则方面落后于他们的单语同龄人（Verhoeven 1987），但我们并不能轻易做出总的结论，这是因为儿童和成人非母语的读写能力非常复杂多样，涉及不同语言、不同文字系统、不同民族和社会背景的人口。表 4.3 概括了一些相关的变量。

表 4.3　少数民族语言读写能力

书面地位 少数 民族地位	书面标准	与主导语言相同的文字系统	与主导语言不同的文字系统	没有文字系统
本土				
移民				

背景：一个国家或区域

　　例如，索布语（Sorbian）是一种西斯拉夫语，它是东德五万人讲的一种本土少数民族语言。它有一套书面标准，和邻近主导语言（即德语和波兰语）都使用相同的文字系统。它使用拉丁字母，并增加了德语和波兰语不使用的几个合成符（digraph）①和一个变音符（diacritic）②。索布语在当地几所学校里正式传授。不同的是，罗曼什语（Romansh）是瑞士的一种本土少数民族语言，它从未发展出一套统一的标准，而它的地域方言有五种不同的书面形式，都和周边主导语言德语一样使用相同的文字系统（Tessarolo and Pedrotti 2009）。瑞典、德国和欧洲其他国家的库尔德语是一个移民少数民族语言，没有统一书面标准的例子。它在伊朗、伊拉克、叙利亚、土耳其等地是本土语言，有多种书面形式，使用的是有所改变的阿拉伯字母、拉丁字母和西里尔字母。这给在欧洲国家的库尔德移民提供库尔德语读写能力带来了明显的问题。另一个例子是汉语作为海外的一种移民语言。例如，因为历史原因，伦敦大约有数十万华人华侨居住，其中大多来自中国香港，主要使用粤语。尽管说粤语的人常用普通话的书面形式，但是粤语也用于书面形式（Snow 2004）。不管怎样，虽然中国儿童大多出于教学目的也学习阅读汉语拼音，但是汉语文字系统在结构上与主导语言英语完全不同。这几个例子说明，在涉及第一语言和第二语言习得的

---

① 合成符指的是两个相连字母表达单个音素。

② 变音符置于字母上方、下方或穿过字母，表示发音不同。

少数民族语境中，语言和文字系统的组合存在多样性，而一种语言和／或文字系统向另一种语言和／或文字系统迁移的可能性也是多种多样的。所有这些提出了许多问题，并增加了读写教育的复杂性。

上一段所举的一组例子是移民国的典型特征。此外，需要记住的是发达国家和新兴工业化国家提供小语种读写能力的条件大不相同。发达国家的语言同质化已经发展到最高阶段，与此同时，发达国家提供更多资金用于推广教育活动，这并不是从经济角度能轻易解释清楚的。新兴工业化国家的母语读写教育通常并不是官方教育政策的一部分，在学校也很难看到少数民族语言。似乎新兴工业化国家在重走发达国家少数民族语言边缘化的道路。因此，语言多样性被转变成语言等级次序，而少数民族读写教育产生或增强了不平等性。

结语

现代社会的一个本质特征是，人们普遍具有读写能力。我们在本章已经看到，这有助于推动更高层次的参与和平等。与此同时，读写能力已被用作（在某种程度上仍然是）区分不同群体的一个标准，因而产生了新的不平等。在现代社会，全民教育作为人们必须接受的教育得到推广，以便生产一支能够满足工业生产需求和工业资本主义社会经济秩序的劳动大军。这些要求随着资本主义社会经济需求的变化而变化。读写能力跨越社会阶级、性别、种族和语言界限进行传播，这证明了国家在社会发展中的作用。市场产生了与经济发展需要相适应的不同种类和水平的读写能力，而国家成为重新分配文化资本的首要机构。

世界上最富有国家里的功能性文盲所占比例一直维持在 10% 至 15%，这表明，尽管技术的发展需要人们具备更高水平的技术和读写能力，尽管平等机会的政治思想与缺少文化资本的下层阶级不相容，但是后工业化社会的经济秩序与该阶级是相容的（Willms 1997）。总而言之，这是后资本主义社会的矛盾之一，特别是在新自由主义的外表下，需要国家干涉，以便实现读写能力的解放潜力和缓解世代固化的不平等的再生产。这是因为在现代社会，读写能力并非专家学者独有的专门技术，而是人们获得经济机会和充分参与社会的一个前提条件。

讨论题

1. 在选举中加入读写能力要求的理由是什么？废除这一要求的理由又是什么？

2. 如果各国的识字率和人均国民生产总值之间存在相关性，而从每个国家个人收入水平的角度来看，教育成就会得到回报，那么谁应该为读写教育投资？

3. 什么是"合法语言"？读写教育与"合法语言"有什么关系？

4. 从《世界人权宣言》重视全民义务教育的原则看，为什么说国家有义务提供少数民族语言的读写教育？

第5章　文字社会

人类文明的高级形式，例如大学、政府和国家选举，所有这些都需要文字。（John Searle 2005）

机构中的书面语

现代社会的机构依赖文字，许多机构与书面语的一种特定形式相联系。它们一起将文字社会构成一个社区。本章讨论三种机构：政府、宗教和学校，它们界定着某些联系产生和某些交际行为发生的框架条件。语言和说话者通过文字而相互分离，这也正是现代社会的基础。如今人们通常通过文字与公共、教育、经济和宗教等机构互动。正如我们所知，机构有自己的历史，并通过每天产生新文件来书写自己的历史。任何政府的运作都离不开书面制定的规则和法律；颁布命令、发布声明和给出解释；起草预算和解释开支情况。在宗教中，基于神圣文本的书面文字，具有与布道和信仰的其他口头表达相关的规范性功能。尽管阅读、写作和算术这三种基本技能的说法有些过时，但传授学生读写技能的需要是学校存在的基础，而读写不像口语，通常不能自然学会。许多机构大多是通过法规、合同、法案、发票、本票、分类账、工资单、纳税申报表、经文、祈祷书、课程、入门读物、考试规则、学期论文、毕业论文和毕业文凭来界定的。

机构建立它们自己的规则、行为准则和语言规范，我们可以在机构的书面文件中看到这些，正如我们可以从个人口语变体中看出一个人的社会阶级、性别和出生地。在许多后殖民环境中，一些机构使用殖民语言，并以此表现它们的语言身份。例如，在莫桑比克，葡萄牙语是官方语言，不到10%的人将其视为母语。司法和行政文件都是用葡萄牙语颁布的。所以对大部分人来说，公文语言真的是一种不同的语言。但是，在一些地方，即使大部分人说相同的国语，并以该语言作为授课语言，但是机构语言的僵化、复杂和浮夸的特点抗拒非正式变体的创新影响。如同在口语中一样，机构语言的区别性特征是表达和完成某些社会功能。这在我们第一个例子——法律语言中尤为明显。

政府：条文与精神

法治指的是没有人凌驾于法律之上，并且除非他或她有现行法律明确规定的违法行为，否则没有人应受到惩罚。法治也指法规应该保持一致，书面颁布的法规不应互相矛盾，或与宪法或基本法制定的若干总原则相抵触。经过几百年的发展，这一思想成为现代国家法治的基石，随后带来一种文化，这种文化的特点是注释、解释和无限地追求术语准确性。现代国家对司法的管理是基于文字的。文字出现以前的社会并不是没有法律，但是作为一种独立于法官的客观机构，法律随着文字而产生，正如许多交际活动源于法律或与法律相关。因此一些学者认为，"不成文法"是矛盾的，而即便人们维护基于不成文原则的宪法思想，他们也不否认，当代社会的公正是以大量书面文本为前提的。法律、证词、专家意见、裁决、申诉和供词必须以文字的形式展现出来。根据我们目前的理解，没有文字，法治就不能被人们接受。但是，人们在很早以前已经打下了官僚政府的基础。

最古老的国家法律是第 2 章提到的古巴比伦《汉谟拉比法典》。它包括 282 条法规，解决商业交易、契约关系原则、财产和家庭事务（如继承和父亲身份）等今天仍受到法律管辖的所有事务。在一开始，法典确立它的权威来源：

> 安努那克之王，至大之安努，与决定国运之天地主宰恩利尔，授予埃亚之长子马都克以统治全人类之权，表彰之于伊极极之中，以其庄严之名为巴比伦之名，使之成为万方之最强大者，并在其中建立一个其根基与天地共始终的不朽王国。当这时候，安努与恩利尔为人类福祉计，命令我，荣耀而畏神的君主，汉谟拉比，发扬正义于世，灭除不法邪恶之人，使强不凌弱，使我有如沙马什，昭临黔首，光耀大地。[1]

将这一序言与英国任何书籍里的法律前言进行比较，例如《2011 年体育场地安全管理法》（Sports Grounds Safety Authority Act 2011）：

> 根据女王最高权威许可，得到上议院（House of Lords）[2] 神职议

---

[1] 本段译文引自《世界著名法典汉译丛书》编委会：《汉谟拉比法典》。北京：法律出版社，2000 年，第 1—2 页。

[2] 上议院，又称为贵族院，议员大部分是以指派方式产生的。

员 (Lords Spiritual)^① 和世俗议员 (Lords Temporal)^② 以及下议院 (House of Commons)^③ 的建议和同意，在本届国会得到通过，并根据上述权力，颁布如下：

虽然该法序言不像之前的《汉谟拉比法典》序言那么复杂，但当代立法继续阐明它所基于的权威，为达到这一目的而使用一种不同于日常口语的"庄重"文体。宪法是一个政体的基础，它是一个书面文件，包括了影响社会的指导规则和道德规范。宪法在本质上必然是概括性的，因此需要解释，而解释意味着可能会被滥用。这是法律职业的基本权利，是伴随立宪主义^④出现的。法律条文和法律精神的争议（见图 5.1）是其中不可缺少的一部分，但"精神"通常被看作两者之中更高贵的，这说明，在西方文化里，存在传统上怀疑文字（不仅是难懂的条文）的潜在情绪，以及文字只是一种次要表达方式的观点。法利赛人 (Pharisees) 因为将法律条文置于法律精神之上而被蔑视。^⑤"规则律师"，也称为"博弈制度"，在寻找遵循法律条文的方式但违反法律意图。自从《汉谟拉比法典》颁布以来，法律条文和法律精神的问题已经长期困扰着政府和法律的执行。尽管人们努力起草清楚明白且没有歧义的法律，但是两者之间的差距在扩大而非缩小。语言的历史性与制度的惯性使两者之间的差距难以在语言中缩小。

图 5.1 法律条文与法律精神

---

① 神职议员指的是英国国教中高级神职人员。
② 世俗议员指的是英国贵族成员。
③ 下议院，又称为平民院，议员由民主选举产生。
④ 立宪主义，又称宪政主义，是西方政治思想史上一种主张以宪法体系约束国家权力、规定公民权利的学说或理念。
⑤ 这反映了"法利赛人"在英语中的一般用法，而非法利赛人和犹太教其他流派在历史上的差异。在基督教经文中，在他们与基督的争论中，法利赛人被描述为把法律条文置于法律精神之上的人。

　　法律已经发展了自己的语言来形成高度复杂的系统，这些系统包括许多不同部分，它们以各种方式相互联系起来。这是追求更明确的法律、减少法律条文偏离法律精神而产生的副作用。法律必须避免术语的模糊性和歧义性，但这并不容易，这是因为，许多词语不准确或一词多义，而且共同语言是变化的。为了解决这两个问题，法律文献发展出自己的语类。但是追求准确和避免混淆已使法律语言变得复杂冗长，非专业人士看不懂。蒂尔斯马（Tiersma 1999）举了许多例子，并进行历史分析来说明拉丁语和法语如何影响英国及其殖民地的法律英语写作。人们抱怨晦涩难懂的法规和其他法律文件以及冗长难懂的律师话语，这种行为可以追溯到几百年前。尽管许多律师瞧不起人们对简明语言的请求（Kimble 1995），但是人们总是定期发起推动简明语言的运动（Clarity 2002）。语言保守主义在法律行业很普遍。对权威性文本的尊敬类似宗教，这是因为古老复杂的语言与重要性、信赖度和准确性相联系。法律语言包括许多仪式成分，例如法警在开庭前大声地说"静听、静听、静听"，写作中的惯用词语，例如"我作为证人签字"。将一份公诉书、申诉书或法院意见里的整个词和整段话，重新用到另一份公诉书、申诉书或法院意见书里，这是常见的做法。这是因为抄写比撰写容易得多，也是因为它降低了犯程序性错误的风险。虽然使用惯用表达很安全，但是经过一段时间，之前文本里的固定成分会固定不变，使得公众看不懂这些法律文件。因为许多法律文本是权威性解读的对象，所以法律职业一般不喜欢语言现代化。由于法律在内容和措辞上相互关联，所以一个法案在措辞上的一个变化会对整个系统的其他部分产生无法预料的后果。

　　法律语言是古体的，这并不是因为书本上的法律是过时的，例如《1867年大都市街道法》（Metropolitan Streets Act 1867）禁止赶着牛群通过伦敦的街道。可以理解的是，法律制定者不愿意改变现行法规的措辞，他们也倾向于在起草新的法规的时候使用固定术语。人们明确清楚地起草宪法和法规是想让它们持久存在，因此也不允许之后总是修正它们。但因为军事占领、文化变革和技术创新等原因不可避免会引起变化，所以坚持使用惯用术语并不能防止概念上的变化。不像转瞬即逝的话语，文字具有稳定性。文字使得语言和概念的非同步变化更显著。格林（Green 1999）对中古英语 *trouthe* 的语义历史研究是一个有趣的例子。格林调查该词在伦理上的意义（"说话算数"）、神学上的意义（"忠诚"）和法律上的意义（"受合同的约束"），证明 *truth* 如何逐渐获得它的现代意义"与事实一致"，而

它的反义词 *tresoun* 的意思从"不忠诚"转为"叛国罪"。他认为，随着书面语日益重要及其对法律文化和治国才能的影响，语义变化由此产生。他的这一观点很有说服力，对本书来说也很重要。

在克兰奇（Clanchy 1979）的经典研究《从记忆到书面记录》（*From Memory to Written Record*）里，他描述了从口头文化到文字文化的转变如何影响了英国法律制度和国家机构。作为在法庭上允许的证据，一个人的真实性是由文件的真实性补充的。当令状、法案、合同、租赁协议等变得重要的时候，文字的意义也变得重要起来。法律人士难以容忍日常语言的杂乱，他们通过固定专业定义来解决这一问题。这样做有好处。术语解释降低了产生歧义的风险，使得人们更容易解读法规、合同和其他官方文件，也增加了以类似方式惩处类似违法行为的可能性。但是术语意思固定不变，这不可避免地会出现一批特殊词汇，它们看似普通词汇，但人们必须通过培训才能理解它们的意思。

Award：裁决

Factum：行为

Party of the first part：契约的甲（乙）方

Prayer：申诉书结尾有关判决、救济或赔偿的请求

Negative pregnant：？？？

产生的这些行话已经引起无数有关语言简明的要求。人们组织起来，努力尝试清除官方文件中没有必要的行话。在《再见吧，法律评论》（Goodbye to Law Reviews）这篇经常被引用的文章里，美国法学教授弗雷德·罗德尔（Fred Rodell）请求不要再给法律文献投稿，这是因为他认为存在两个问题："一个是文体问题，另一个是内容问题。"（Rodell 1936：38）虽然这是一个相当笼统的批评，但是不难找到证明作者正确的例子。在许多法律合同中都有这个句子："阳性词语应该包含阴性词语；单数形式的词语应该包含复数含义；现在时态应该包含过去和将来时态。"（转引自Freedman 2007：3）这是有关语言的，它告诉我们因为某一目的演化而来的语言上的一些区别在法律语言中可以省略。许多学科使用它们自己的术语和措辞。法律语言的问题是，充分参与现代社会以知法为前提，甚至要求人们知法。*Ignorantia legis neminem excusat* 是罗马法的一个原则，据说它是我们法律制度的基础。它指的是"不知道法律不能免除责任"。作为当代法律文化的一部分，它依然以拉丁语形式引用。公民参与现代民主社会需要熟悉他们的权利和义务。但是，在几个世纪里，法律行话已偏离日

常语言，结果是人们更难遵守这一原则。

上文已提到法律语言的一些特点，包括古体和不常用词汇，例如 aforesaid（上述的）、same（前面刚提到的人或物）、such（这个或那个）；被动语态和无主句结构，例如 it is required（被要求）、this court finds（本法庭发现）；动词短语结构，例如使用 place a limitation on（设置限制）、make an examination of（进行检查）和 are in compliance with（遵守）而不是 limit（限制）、examine（检查）和 comply with（遵守）；较长的复杂句和避免使用代词。在日常口语中，人们常用代词，但是因为代词的指示性使得它们在不同语境中指代不同的人，所以它们较少在书面文本中使用，法律文献为了防止引起混淆而避免使用代词。在某种程度上，这些方法有助于减少歧义，但也使得法律文献变成了一个封闭的迷宫，只有专家才能进去而不必担心迷路。不懂法律的人就需要依赖律师，就像前现代时期没文化的人需要律师来翻译拉丁文和法律法语。下面以之前提到的《2011 年体育场地安全管理法》中任意选择的一段为例。

第 1 章　体育场地安全管理局

第 1 节　足球许可管理局成为体育场地安全管理局

第 1 条　根据《1989 年足球观众法》（Football Spectators Act 1989）第 8 节和第 2 附件建立的机构（1）继续存在，但（2）由足球许可管理局改名为体育场地安全管理局。

第 2 条　第 1 附件包含有关管理局的进一步规定。

第 3 条　管理局的开支由内阁大臣（Secretary of State）支付。

第 2 节　向王室大臣（Ministers of the Crown）**提供建议**

第 1 条　管理局（1）可以向王室大臣提供相关建议，而且（2）如果大臣要求管理局提供建议，管理局必须向该大臣提供相关建议。

第 2 条　"相关建议"指的是（1）总体与体育场地安全有关的建议，或者（2）根据本节第 3 条的法规，关于该大臣行使任何职权的建议。

第 3 条　法规是（1）《1975 年体育场地安全法》（Safety of Sports Grounds Act 1975），（2）《1987 年防火安全和体育场地安全法》（Fire Safety and Safety of Places of Sport Act 1987）第三章（体育场地看台安全），（3）《1989 年足球观众法》。

第3节　向英格兰和威尔士机构或个人提供建议

第1条　管理局可以向（1）本地管理部门或（2）根据本节第2条的规定，其他部门或个人提供有关英格兰或威尔士体育场地安全的建议。

第2条　根据本节第1条的规定，管理局不可向第4节第1条第（1）、（2）或（3）款规定的（1）大臣或（2）机构或个人提供建议。

第4节　向英格兰和威尔士以外的机构或个人提供建议

第1条　如果本节第2条的条件符合，管理局可以向（1）英国领土以外的政府、（2）国际组织，或（3）不在本条第（1）或（2）款范围之内的其功能、活动或责任全部或部分与体育场地安全有关的英格兰或威尔士以外的机构或个人，提供有关体育场地安全的建议。

第2条　条件是：（1）有关机构或个人请求提供建议，（2）内阁大臣同意提供建议。

第5节　补充条款

第1条　根据（1）本章第4节（向英格兰和威尔士以外的机构或个人提供建议），或（2）本章第3节（向英格兰和威尔士的机构或个人提供建议），如果应对方请求而提供建议，管理局可以征得内阁大臣同意，收取建议提供费用。

第2条　根据本节第1条收取的费用不应超过提供建议的成本。

第3条　管理局根据本节第1条收取的费用将用于第1节第3条降低管理局的开支。

第4条　根据第4节第2条第2款或本节第1条，可以同意：（1）总体，（2）与任何特定建议有关，或（3）与特定描述的建议有关。

第5条　在本章，（1）"本地管理部门"和"体育场地"与《1975年体育场地安全法》（见该法第17节第1条）中的意思相同，（2）"王室大臣"与《1975年王室大臣法》（Ministers of the Crown Act 1975）中的意思相同。

除了一些官方术语，例如王室大臣，该法在术语或语法方面并不存在多少理解上的困难。但因为它很长，又提到其他法案，而且有很多补充说明，所以人们很难理解它的内容。很明显，没有人会像这样说话。该法也需要解释所使用的术语的意思（第 2 节第 2 条和第 5 节第 5 条）。这些是普通词语而非专业词语，但是为了清楚起见，立法者必须解释清楚它们指的是什么，而且自从该法首次起草或最后修正以来，它们所指的意思（指示物）是不变的。法规常包含这样的条款："在上面的第 4 条第 2 款，'合适方式'指的是：（1）如果给此人发出一份固定罚金的通知，'合适方式'指的是固定罚金通知里详细说明的方式；（2）如果此人得到一份有条件要约，'合适方式'指的是上面第 2 条书面收据里详细说明的方式。"（UK Road Safety Act 2006）因此，法规和条例都有内在解释，并受到外在评论和注释的影响，这都是为了清楚起见，但并不总是能达到清楚的目的。蒂尔斯马（Tiersma 1999：85）在评论律师对法律语言准确性过分夸大的自信时说："每年关于律师所写的法规和其他法律文件中的一些词语意思产生大量官司，这让我们有足够理由质疑法律语言传说中的准确性。"

当然，理解法律文件的困难并不只有语言方面。现代社会的立法高度复杂，每一条法规都是整个复杂体系中的一部分。除了熟练掌握词汇和语法知识，还需要掌握其他许多方面。人们需要研究多年成文法（statutory law）[①]和判例法（case law）[②]才能掌握体系运作的必要知识。因为生活中更多领域受到法律管辖，而网络空间等人类活动新领域不断出现，所以法规主题非常复杂，正如将法律分成许多专业分支所反映出来的。当代发达社会这种特有分工使得我们在许多事情，包括法律事务上，依赖专业人士。法律和其他职业必要知识的专业性意味着需要一个专门的语体。

简明语言

但是，这绝不意味着法律语言晦涩难懂只是因为法律主题复杂。其他机制在语言区分的产生和维持中也发挥着作用。机构有一种趋势，即借助外人看不懂的语言来维护自己。法律术语可以用复杂的主题来为自己的实用性做出解释，但它也被用来保护自己的势力范围。法律职业享有的较高社会地位也影响着语言，反过来，如果语言不是用来恐吓和控制客户的话，它也被用来营造一种权威性和优越性的氛围。制度化的法律出于自己

[①] 成文法以德国和法国为代表，指的是国家机关根据法定程序制定发布的具体系统的法律文件。

[②] 判例法以英国和美国为代表，指的是基于法院的判决而形成的具有法律效力的判定，这种判定对以后的判决具有法律规范效力，能够作为法院判案的法律依据。

的目的行使权力，在常用语言中圈出一块领地，而且管辖着这块领地。

法律语言因此演化发展成为现代社会离不开的法律职业的承重柱，有着自己的词典、术语表和格式手册。像矮胖子 [①] 一样，在法律乐园中的作者坚持认为："当我使用一个词的时候，我想要说的就是它所指的，既不多也不少。"[②] 语言学家会有不同想法，但对他们而言不过是主人餐桌掉下的食物残渣，他们可以通过建议简明写作来捡起这些残渣。虽然许多律师倾向于认为，只有他们才有资格改革法律语言 [③]，但是许多改革小组，包括负责使政府出版物更加明白易懂的官方机构，都把语言学家和交际专家列入他们的成员中 [④]。因此，一个职业产生的问题使得另一个职业通过试着解决这些问题而谋生。这也是文字如何影响社会分工的一个例子。在民主社会，每个公民必须了解法律的必要性，和使用明确界定的术语而又不偏离原来用法的需要，这两者之间一直存在着矛盾。专业律师非常清楚这一矛盾，正如美国律师协会（American Bar Association）通过的决议所说明的。在 1999 年 8 月 9 日美国律师协会代表大会（House of Delegates）做出决议：

> 美国律师协会督促各机构在起草规则的时候使用简明语言，以此作为推动人们了解法律义务的一种方式，可以使用以下技巧：
>
> ·为方便读者，组织好规则；
> ·使用直接易懂的语言；
> ·使用短句和主动语态写作；
> ·使用有帮助的文体技巧，例如问答模式、分行举例、空格和图表。
> 为了避免在使用简明语言技巧的过程中出现问题，各机构应该：
> ·考虑到可能的司法解释和读者理解问题；
> ·说明当事人和机构的权利和义务；
> ·在修改规则的时候确定和解释所有计划好的变化。
>
> （American Bar Association 1999）

[①] 矮胖子是英国作家刘易斯·卡罗尔（Lewis Carrol）的儿童文学作品《爱丽丝镜中奇遇记》（*Through the Looking-Glass*）中的一个人物。

[②] 英文原文见 Lewis Carroll, *Through the Looking-Glass*. London: Macmillan, 1871, 第 205 页。

[③] 两本广泛使用的法律用法词典的作者，大卫·梅林科夫（David Mellinkoff 1992）和布赖恩·加纳（Bryan Garner 1995），都热情支持简明语言，他们也都是律师，这绝非巧合。

[④] 参阅国际简明语言协会（Plain Language Association International），www.plainlanguagenetwork.org/Organizations/index.html。

　　决议第一部分督促各机构使用明白易懂的语言，但第二部分又强调司法解释的重要性，并提出一些其他建议，以避免在使用简明语言中出现问题。对于第一部分，语言学家或许对改进人们对法律文本的理解有所贡献，但第二部分提醒我们，法律语言是一种专门语言，如果想掌握它而又不损害其意图的话，就需要专业知识。对简明语言运动而言，美国参议院通过《政府通信简明语言法案》（Plain Language in Government Communications Act）（Senate Bill 2291）是一个成功，但实证研究表明，简明语言在法律起草中只是缓慢地得到人们的接受（如 Wheatman and LeClercq 2011）。

宗教：从阿尔法到欧米茄 ①

　　法律并不是唯一一个维护语言权威并培育一个要员阶层的机构，这些要员认同法律语言并出于专门用途（包括他们自己的利益）使用法律语言。有组织的宗教是另一个机构。如果本书是一本历史书，那么宗教应该放在上一节法律的前面进行讨论，因为法律一般源于宗教传统。但是我们的兴趣更偏重在当代社会而非历史的交际语域以及不同语域赋予文字的功能。

　　经文促进神圣与世俗的区分，并在很多情况下提升众多语言中的一种语言成为圣典和礼拜的语言。经文以这样的方式改变了宗教文化的本质。《圣经》指的是"圣书"，源于希腊语 *biblion* "卷轴"。自从古代，"圣书的子民"指的是基于经文的宗教信徒。在犹太教，这个术语指的是犹太教徒。穆斯林用这个术语指代犹太教徒和基督教徒。在印度，在伊斯兰征服印度后，穆斯林授予印度教徒和佛教徒"圣书的子民"的地位。罗马天主教会更喜欢"上帝之道"而不是"圣书"，但其他基督教宗派自由使用"圣书的子民"一词。为了使人们不怀疑文字的根本重要性，圣书的子民认为圣书等同于上帝。从始至终，这对有文化的人来说是从第一个字母到最后一个字母。②

　　不仅犹太教、基督教和伊斯兰教与圣书文化密不可分，经文权威也是佛教、印度教和其他宗教中的一个有重大影响的要素。从一神论的角度来看，人们有时把佛教和印度教描述成哲学而非宗教。尽管它们在神学思想

---

① 阿尔法和欧米茄分别是希腊字母第一个和最后一个字母，表示从头到尾。

② 众所周知，这是在《启示录》（*Book of Revelation*）《詹姆斯王本》（*King James Version*）的第一章第八节。

候，许多其他版本接踵而至。威克利夫《圣经》的译者尤为活跃，努力让"所有人用他们心灵的语言读懂上帝的话"（www.wycliffe.org/）。

但是，说得委婉些，用本地语言（假设这是"他们心灵"的语言）让人们读懂神圣文本，这产生更多问题。如果能有一个译本，就能有多个译本，这威胁到神圣文本的完整性，产生了大家熟知的"竞争权威的问题"（Jeffrey 1996：175）。翻译非常细微地改变原意，这种风险已经引起讨论、禁止"未经授权的"经文版本、冲突、教会分裂以及关于什么是意义的整个问题。以《约翰福音》第一章第一节的几个版本为例。

拉丁语版本

In principio erat Verbum et Verbum erat apud Deum et Deus erat Verbum. (Biblia sacra vulgata)

英语版本

In the beginning was the Word, and the Word was with God, and the Word was God. (King James Bible 1611)

In the beginning the Word already existed. The Word was with God, and the Word was God. (New Living Translation 2007)

From the first he was the Word, and the Word was in relation with God and was God. (Bible in Basic English)

法语版本

Au commencement était la Parole; et la Parole était auprès de Dieu; et la Parole était Dieu. (Darby Bible 1880)

Au commencement était la Parole, et la Parole était avec Dieu; et cette parole était Dieu. (Martin Bible 1744)

德语版本

JM anfang war das Wort, Vnd das Wort war bey Gott, vnd Gott war das Wort. Das selbige war im anfang bey Gott. (Luther 1545)

Im Anfang war das Wort, und das Wort war bei Gott, und das Wort war Gott. Dieses war im Anfang bei Gott. (Schlachter 1951)

西班牙语版本

En el principio ya era la Palabra, y aquel que es la Palabra era con el Dios, y la Palabra era Dios. (Sagras Escrituras 1569)

En el principio existía el Verbo, y el Verbo estaba con Dios, y el Verbo era Dios. (La Biblia de las Américas 1997)

　　每个译本或许有细小的差别，但是每位译者肯定有充分理由来解释，为什么他们的译本比其他人的好，因此，一轮永无休止的争论开始了。① 人们对此写的评论多得可以装满几个图书馆，许多学者（以前通常是男性）研究文字和建立神学与德里达所说的西方哲学的逻各斯中心主义（logoscentrism）的基础，并以此谋生。《约翰福音》第一章第一节的文字晦涩难懂，使得人们产生各种截然不同的理解。在诗剧《浮士德》（*Faust*）里，歌德（Goethe）经典表达了合适翻译的难题，并提供了一个词义受时间和语境决定的例子。人们认为浮士德式翻译揭开了欧洲历史的一个新阶段：现代，一个重实干而非沉思的时代。

> 　我先写下一句，"泰初有道"！
> 　哦呀，已经窒塞着，译不下去了！
> 　这"道"字未免是太不分明，
> 　我要另外选译一个，仰仗神兴。
> 　我把它改译成："泰初有心。"
> 　慎重吧，这头一句要好生留神！
> 　"心"怎能够创化出天地万汇？
> 　这应该译为："泰初有力！"
> 　但当我把"力"字刚写在纸上，
> 　我已经警悟着，意义还不恰当。
> 　哈哈，笔下如有神！我豁然领会。
> 　我称心地翻译作："泰初有为！"②

　　浮士德费解的出发点是一个书面文字，即 *logos*（逻各斯）。它指的是什么？上面引用的译文选定"道"，但我们查阅的任何希腊语—英语字典都给了"逻各斯"两个意思："道"和"思"。在令人费解的诗句中，"逻各斯"还与上帝等同，它的意思似乎变化不定，那么为什么不是"为"？！这是语义学，或者是柔性语义学③，注释，演绎和阐释。浮士德的建议是个人策略，还是希腊词语"逻各斯"一词多义所允许的？在这一问题上存在

---

① 　奥莫尼依（Omoniyi 2010：7）援引赫夫齐芭·伊斯雷尔（Hephzibah Israel），他调查南印度的《圣经》翻译，发现该社区对《圣经》不同译本的看法存在分歧。

② 　本段译文引自歌德：《浮士德》（郭沫若译）。北京：人民文学出版社，1959年，第61页。

③ 　语义学研究语言中词语和句子的意义，柔性语义学指的是对意义的解释，而不是严格意义上的科学研究。

矛盾,一方面是浮士德如何在语境中理解这个词,另一方面是"字典上的意思"在合理程度内允许他多大的自由。例如,没有古典学者会允许"泰初有一杯茶"作为《约翰福音》第一章第一节的一种翻译,这是因为"一杯茶"将"逻各斯"意思的极限拉得太远了。事实上,我们根本不清楚传福音的约翰是否知道茶,更不用说墨守成规的学者肯定会指出首先需要有人沏茶,所以一杯茶不能在开始就存在。所以这个选择不可能。不同的是,"思"是一个合法翻译,如果你倾向于接受思考应该在说话之前的话,那么这个翻译讲得通。

浮士德是一个饱学之士,他选择"为"作为合适翻译明显是大量脑力劳动的结果,但他是否在意约翰想要说什么?他是否应该在意?词语意思、作者意图和读者解读或许不是一致的。因为我们不是在做纵横填字游戏,而是在翻译一本圣书,所以弥补三者之间任何真实或明显的差距是一件重要的事,而翻译使这件事更为复杂。如果禁止经文翻译,而只允许一小部分授权的专家来解释经文的话,那么或许可以避开由翻译引起的各种问题,如非正统解释、宗教裁判所和在火刑柱上把人烧死等。

虔诚的穆斯林更喜欢这种方式,他们不接受圣书《古兰经》的翻译,把《古兰经》视为上帝使用阿拉伯语进行的启示。因此,《古兰经》与阿拉伯语及其最初写下的字母紧密相连。虽然《古兰经》被译成其他语言,例如英语(Bell 1937;Hilali and Kan 1983;Shakir 1999),但是与用古阿拉伯语写的神圣原文相联系的真实感觉非常强烈。忠实信徒觉得经文翻译有问题的另一个原因与歧义有关。当原文清晰明白的时候,同样的内容可以用另一种语言表达。但是当原文模糊晦涩的时候,很难在翻译中重现同样的模糊晦涩,因而导致不少混淆和误读。这可能是有意的。

这是将个人信仰托付给文字的好处。一个权威性的文本不允许偏离,以此保护教义不会被歪曲和改编。达夫雷(D'Avray 2010:102f.)认为,文字使得犹太教和伊斯兰教相互之间不存在转换,因为当价值观和基本的本体论概念固定在书面表达中的时候,它们就很难被放弃。逻各斯中心主义不能轻易地将形式和意义分开,它的追随者或许更喜欢维持形式而不是理解意义,因此更喜欢语言的象征性功能而非工具性功能。不论在哪里,不论会众能否理解布道或读懂圣书,希腊正教会(Greek Orthodox Church)都使用希腊语。在宗教中,理解不是一切(Woods 2004:13)。它也必须满足在各种仪式中表达身份认同的欲望和在一种古老而又有些晦涩难懂的语言的背后追求神秘性的欲望。在宗教生活中,语言的精神维度显得非常突出（Fishman 1991：360）。

对简明语言和翻译的推广关注的是语言的工具性功能，目的是让平民百姓能够阅读和理解经文，但这并不意味着怎么样都行。一种语言与神圣文本相联系以后，这种语言像被施了魔法，发挥象征性功能。代表宗教的机构利用这一功能来保护它们作为真正教义守护者的特权地位。一旦完成一个新的翻译，它会很快表现出相同的固化趋势，这也是起初进行翻译的原因。《詹姆斯王本》独尊就是一个例子。《詹姆斯王本》中备受人们重视的语言有着四百多年的历史。当时的语言鲜活而又富有启发性，现在已经变得过时了，使许多年轻人失去了兴趣。但是，《詹姆斯王本》独尊运动（KJV Only Movement）反对所有现代化的尝试，并贬低这些尝试，称它们是在损害真正教义。因为只有一个权威版本，所以人们有时忘了它是一个译本。有一则杜撰的故事，据报道，一位美国中西部的牧师说："如果《詹姆斯王本》对使徒保罗足够好的话，那么它对我也是足够好。"（Jeffrey 1996：XV）

翻译思想认为，文本中的信息可以没有损耗地提取出来放在另一个容器中，即一种现代化语言或不同的语言。那么，是不是用什么语言来表达教义都无关紧要？绝不是。举个例子，考虑一下《约翰福音》第一章第一节的大笑猫（Lol Cat）版："泰初有喵，喵说'你好，天花板喵君'，喵就是天花板喵君，泰初它们是朋友"。[①] 这是最新版的，或许会吸引年轻一代，他们将把这一传统延续下去。但即使是忠诚的现代化者，或许也会质疑大众文化和宗教之间是否真的无须设置任何障碍。马丁·路德在有趣而又富有启发的《关于翻译的公开信》（Open Letter on Translating）中称天主教徒是"像牛盯着新门那样盯着词语的笨蛋"。当他用本地语重写《圣经》的时候，他在"天主教徒"的眼中就像是今天《詹姆斯王本》（King James Version）的崇拜者眼中的大笑猫版《圣经》（Lol Cat Bible）的作者。如果内容重要，而且我们相信《约翰福音》第一章第一节大笑猫版的内容与其他版本完全一样，那么就没有任何毛病，但其实并非如此。正如在其他交际语域中一样，我们必须权衡语言的工具性和象征性功能。经过一段时间，当词语和语法结构过时时，书面语，尤其是作为神圣经文的外衣，逐

---

① 大笑猫（Lol Cat）来自大笑（Lol = laughing out loud，大声地笑）和猫（cat），是杜撰出来的英语书面变体，据说是有趣的会说话的猫使用的，类似拉丁猪（Pig Latin），近年来在网上颇受欢迎。大笑猫英文版本以及各种文本可以在网上找到。其中最具抱负的项目之一是将《圣经》翻译成大笑猫版本：www.lolcatbible.com/index.php?title=John_1。

渐从工具性转向象征性。语言文化间的差异表现为某种平衡，即工具性和象征性功能之间的平衡。当象征性功能比较突出，而正式、华丽和／或古体的经文语言（通常是一种神圣语言、古典语言或外语）成为宗教生活领域以外的写作模式的时候，宗教成为第2章所讨论的双言制形成的一个原因或影响因素。从这个意义来说，口语和经文语言之间的距离表明社会关系和结构。这些变体之间明显的差异有助于将某种宗教的要员和普通信徒区分开，而本地语化的等级性不强，更有包容性。

学校：文字的基础知识

语言是天赋的，文字是人造的。这就是儿童习得语言，而没有指导就学不会文字的原因。文字复杂的艺术要求教导、记忆和努力练习。学校是做这些事情的地方。学校是最明显依赖文字和传播文字的机构。没有文字就没有学校，没有学校就没有文字。这些等式基本上是合理的。一般是在学校传授读写，而书面语是一种需要学习才能掌握的语言，学校发生的许多事以书面文本和书面交际方式为前提。学校是社会文化再生产机构，有自己的语码，而这些语码是社会建构的，并超越个人控制。

大家知道抄写员将他们的技术传给学徒，但很明显，学校很早就在有文字的文明中出现了，而且常与庙宇相联系。如果文字想要对社区有用，那么必须建立规范，限制个人变化，建立和维护规范。为了实现这些，遵循课程进行集体授课比私人授课更为有效。在古代，学校控制书面语的世代传承，从而对书面语行使权威，现在仍然如此。

系统语言教学的开端是词表，这是语言去语境化的典型例子。这些词表是词汇学（研究词汇的科学）的基础（Civil 1995）。在中国，词汇学首先从汉字表开始，汉字而非词仍是字典的基本单位。字典为词项提供条目。词项是字典里的词。不同于"音系字"和"抽象词素"，人们已经提出许多有关"拼写字"的更细致和更直接的定义，但很难（如果可能的话）不参照文字来定义"词"。词处于语法研究的开端，正如语法这个词本身所说，语法专门研究书面语。*Grammatike* 结合了希腊词语 *grammata* "字母"和 *techne* "艺术"，指的是了解字母的艺术。语言系统研究的开端留下了持久印记，正如林奈尔（Linell 2005）所展现的，这些印记仍然影响着现代语言学。词、句和音位是分析性概念，源于文字独立的部分，反之则不然。因此将文字看作口语表征，这很有问题（Harris 1980, 2000）。在学校传授文字引起语言态度的变化，这成了研究和管理的对象。这些概念没有一个首先是为口语而发展出来并运用到口语的。

在有限读写能力的条件下，人们认为口语和书面语之间存在巨大差异是理所当然的。口语和文字是两种交际方式，它们涉及在语法和文体方面迥然不同的语言或变体。只有当更多人拥有读写能力的时候，口语和文字之间的关系才能成为一个重要话题。在欧洲中世纪时期，因为人们把口语和书面语之间日益扩大的差异看作一个问题，所以查理大帝（Charlemagne）①在位时期的语言文字改革旨在统一口语和书面语。这种差异最终被缩小，这主要是通过废除拉丁文唯一书面语的地位，并把文盲说的话（即罗曼语、日耳曼语和斯拉夫语的口语形式）变成书面语，而不是通过强制实施拉丁语发音的统一标准来实现的（Blanche-Benveniste 1994）。这些新兴"民族"语言的读写能力得到了宗教改革运动的支持，宗教改革打破了天主教神职人员对基督教经文解读的垄断。"你手写你口"这个原则可以追溯到古代，它成了写作指导中一条越来越重要的原则（Müller 1990）。尽管它否认了口语和文字之间的差别，这不太现实，但一代代的老师向他们的学生重复着这一原则。它从不意味着他们的写作应该有省略形式、受语境限制、和口语一样易变。它的含义是如果你不能"你手写你口"，那么你的口语肯定有问题。在此基础上的全民教育，让人们在思想认识上缩短了口语和文字之间的差距，这有重要影响。尽管口语和文字之间的差异仍然表现为文体上的差异，但是学校教育实现了读写能力的普及，从而导致双言制从欧洲许多言语社区消失。

在世界其他一些稍晚实现全民教育的地方，口语和书面语之间的差异仍然存在。在当今世界，尽管 1953 年联合国教科文组织宣言推荐母语读写能力，但是国家语言的读写教育常常指的是以第二语言或外语为授课语言学习读写。在什么程度上读写能力的推广依赖授课语言？这仍是一个有争议的问题。同样，文字系统是否是一个重要变量？这是一个有争议的问题。在某种程度上是这样的，这是因为，读写能力的定义随着社会经济需求和技术创新的变化而变化，也是因为，被视为一种语言变体的范围是变化的。但是人们都同意至关重要的变量是教育体制的有效性。掌握书面语是一个困难任务，它最好由管理着书面语的机构，即学校来执行。

---

① 查理大帝（742—814），法兰克王国加洛林王朝国王（768—814），在行政、司法、军事制度及经济生产等方面都有杰出建树，并大力发展文化教育事业，被后世尊称为"欧洲之父"。

　　自从法国大革命以后，学校就承担着建立国语和传播国语意识形态的任务（Schiffman 1996）。结果是，多语教育的要求与国家资助的教育体制相互矛盾。但是，由于现代国家语言的国家化及其在学校体制中的特权地位，读写教育的语言成为一个政治问题。少数民族言语社区希望他们的语言获得威望，这种威望由书面标准带来，他们开始在许多工业化国家游说政府，要求将他们的语言加入学校课程中。人们越来越意识到保护少数民族的重要性。在这种意识的鼓舞下，近几十年来的少数民族保护运动取得了一定的成功，产生了现代社会多种读写能力和多语读写能力高度复杂的局面，最近受到了一些学者的关注（Martin-Jones and Jones 2000；Kalantzis and Cope 2000；Daswani 2001；Cook and Bassetti 2005）。

　　现在流行的观点是建立一个有着统一书面标准的国语，这有利于促进全民读写能力的提高。义务教育是国家建设的工具，这是因为学生学习的是不允许违反的国语拼写规则，而不是一般的写作和书面语原则。如同教义问答书一样，入门读物体现了规范标准，但这些标准并非呈现给师生的首选，而是像刻在石头上的，永远不变。拼写选择的教学实验是最近才出现的（Sebba 2007：152）。入门读物的目的在于传授语言和生活中的行为准则。拼写规则是儿童最早学到的严格规范之一。基础知识是学校教育建立的基石，掌握基础知识不仅被看作一门专业技能，更被视为成为一个完整的人和一名社会成员在道德上的一个前提条件。在夏威夷推广全国英语拼写大赛的时候，雪莉·查尔（Sherie Char）对大众看法做了恰当总结："拼写是学生早期学习的一项基本技能。它是学校的基础，也是生活中非常重要的一部分。没有字母，我们就没有词语。没有词语，我们就没有语言。没有语言，我们就不能交流。"她引用比赛官员的话："保护拼写准则使我们对人的认识得以延续。"①

　　就像识字率一样，拼写能力在思想认识上的重要性因国而异。在国际上，比较识字率是出了名的困难（Guérin-Pace and Blum 1999），但毫无疑问的是，首先推行国语意识形态的欧洲在引领着其他国家和地区。但如今，一些发展使人们对读写能力的单语模式产生怀疑。这些发展一方面支持英语在许多非英语国家作为一种额外的通用书面语使用，另一方面允许少数民族语言进入文字领域。当市场全球化和文化（重新）本地化两者互

---

① 《岛上人家》，拼向成功，www.islandfamilymagazine.com/aio-spelling-bee/island-family-march-2011/spelling-your-way-to-s-u-c-c-e-s-s。

补发展的时候，学者和政治家还在继续讨论读写能力的多样化是否会帮助实现消除文盲的目标，或者是否会损害书面标准语声称所具有的经济优势。

结语

本章讨论语言使用的三种机构语域，这三种机构语域有不少共同特征，这些特征源于它们对书面语的依赖。这些特征是：

一本重要书籍：法典、经文和入门读物；

由律师、牧师和教师等要员确认和强制执行的权威；

社会角色分工：捍卫者与门外汉（客户、信徒和学生）；

将传统本质化的意识形态；

语言可以被管理，变化可以被阻止的思想；

自我复制机构的路径依赖性① 和语言保守主义。

基于可以阻止变化的虚假想法，代表每个机构的语言由它们有文化的代表有意调整，来符合它们的目的。如果经常调整法典、经文和入门读物以适应本地语的使用，那么，尽管口语和文字之间的关系在变异的一定范围内是可以保持的，但是变化是很明显的。另一方面，如果坚持这些文本及其潜在规则的不变性，那么口语和文字、口语和书面语之间的关系会变化，虽然变化慢，但是肯定在变化。一个有明确界限和可以识别的社区制定自己的标准，从这个意义上说，这里考虑的机构是文字社会的组成部分。文字媒介使这成为可能，它允许积累大批文献，并为它的保护和传承确定规则。文字社会的机构结构表明并维持书面语一定程度的稳定性。通过各种读写实践，例如大声朗读、背诵、上课和拼读法，书面语也影响着口语。但是，口语和书面语之间的关系不是一成不变的，这是因为，这种关系不仅受到语言动态的影响，而且受到社会演化动态的影响。

全民教育已将文字广泛传播，但与此同时增加了社会分工，促进了新的语类和控制这些语类的专业人士的产生。除了本章讨论的三个典型例子以外，人们可以增加其他例子，例如广告文案、医学报告、报纸文章和研究论文（见 Biber and Conrad 2009，Chapter 5）。我选择这三个例子，是因为它们与机构有着明确联系。我们必须参照机构来解释书面风格的变异。在社会语言学中，研究者从不同角度解释口语风格的异质性，如说话人对

---

① 指的是即使有其他更好的选择，但是坚持传统做法的趋势。

自己口语不同程度的注意（Labov 1994：157f.）、认为说话人根据听众进行调整的听众设计理论（audience design theory）（Bell 2001）、认为语体转换是因为说话人互相顺应的顺应理论（accommodation theory）（Giles and Coupland 1991）。这些理论并未应用到书面语中的文体异质性。尽管一些写作行为更加自然，可以像口语一样，考虑将自然和正式作为书面语文体变异的一个维度，但是提高注意力的程度不足以制作经文或法律文献。此外，在写作中，法庭、教堂和学校并不顺应它们的听众（即读者），而是希望读者借助专业协调者来顺应它们。协调者的利益有两个方面：协调和保护他们自己的存在，即确保协调是必要的。这样，文字使分工增加成为可能，而分工增加又在社会中产生交际缺口，而这些缺口又需要文字捍卫者来弥补。

讨论题

1. "Negative pregnant"指的是"一种对指控的否认，他或她只承认涉嫌事实的一部分，这样他或她事实上承认的比否认的要多"。举例讨论法律语言中界定术语的优势和不足。

2. 什么是"竞争权威的问题"？为什么这是一个问题？

3. 讨论经文现代化的利与弊。

4. 你认为"保护拼写准则使我们对人的认识得以延续"这种想法的基础是什么？拼写如何能在社会中获得如此的重要性？

第6章　文字改革

> 改革指的是毁掉一种形式而创造另一种形式，但这一行为的两个方面并不总是都打算好的，也并不总是都成功的。

（George Santayana）

作为公共物品（public good）的文字

在前几章，很明显，文字是当代社会一种不可或缺的交际方式，它植根在各种机构中，并充满社会意义。我们也看到一些要员，至少受到个人利益驱动，在他们所代表的机构和普通大众之间扮演着协调者的角色。掌握书面语并非只是一种专业技能，它一直并继续是社会区分的一种标记。书面语是权力的一种属性，而文字可能是一种赋予权力的方式。哪种语言作为国家语言、官方语言、认可的少数民族语言等政治问题，都需要言语社区做出选择。"国家""官方""认可的少数民族"等是现代类别，它们在以前并不存在，那时文字较少受到管理。后来文字才在国家层面上受到较多管理，在工业化国家受到更多管理。在实行义务教育之前，文字一方面供专家使用，另一方面是个人行为，个人行为允许较多自由变异。例如，在文艺复兴时期的英格兰，英语拼写"简直乱七八糟"（Marshall 2011：115），其他国家和语言也是这样。即使在现代初期，歌德仍以不同方式拼写同样的词（*Goethe-Wörterbuch*, n.d.），但没人会因此小看歌德。但是工业时代要求更严格的管理、一致性和标准化，要求将书面语变成一种公共物品，即一种交际方式逐渐被看作在集体活动（即国家活动）中获得成功的一个先决条件。

公共物品，例如清洁空气或陆地、河流，不属于任何一个人，每个人都可以自由参与其中。公共物品的另一个重要特征是，与商品相比，使用公共物品不会减少他人使用该物品的机会和它的实用性。相反，具有网络形式的公共物品的实用性随着使用者的增加而增加，例如电信和互联网。[①]

[①] "当其他人加入这一系统的时候，用户从一种交际服务中获得的实用性增加。这是典型的消费外部性经济学，对传播产业经济分析非常重要。"（Rohlfs 1974：16）

因此，公共物品的两个主要特点，即非排他性和非竞争性，将它与私人物品区分开。但是，电信网络的例子表明，公共物品并非免费，这就提出一个问题：谁应该提供、看管和资助公共物品？公共物品理论认为，政府干预应该被用来提供体现集体利益的物品。因为书面语的使用不是消费耗竭性资源，而增加书面语的使用者会增加它的实用性，所以它被理解成公共物品（Coulmas 2009）。公共物品的网络特征有利于标准化，并且作用可能会超过所讨论对象的内在特征。例如，传统打字机的全键盘对非洲语言正字法的设计产生影响。偏离和增加全键盘的布局，例如吸气音和其他非罗马字母，从语言匹配的角度来看是可取的，但是打字员的规模会比较小，并且配备非罗马字母的打字机硬件会更贵些。非洲语言新的正字法设计经常需要适应英语或法语打字机上的字符集。威廉·斯莫利（William Smalley）是一位积极参与文字系统设计的传教士兼语言学家，他指出（有人猜想或许他考虑的是他自己的研究）："除了文化帝国主义，人们也容易受到机械帝国主义的伤害。在文字系统的发展中，打字机键盘的缺陷有时比语言的音位更重要。"（Smalley 1963：14）现在打字机或许只能在博物馆里找到，但这并不能证明技术强加给文字限制这一观点是错误的。不久之前，在统一码（Unicode）传播之前，当美国信息互换标准代码（ASCII）统治着网络交际的时候，一些学者的名字里有不属于美国信息互换标准代码的字母（例如德语中的元音变音 <ä, ö, ü> 或者波兰语中的 <ł>），他们改变名字的拼写来避免不被引用或在互联网上找不到。全键盘的布局对非洲许多语言或许不是最佳的，美国信息互换标准代码也明显不足以拼写许多姓名，但对说非洲语言的人和名字里有不属于美国信息互换标准代码的字母的人而言，有利的网络特征说服了他们接受这些方法的局限性。由于有成百上千语言（包括古代用于一个社区但从未印刷过的语言）的字体，所以这种局限性似乎已经成为过去。但是，现在的文字技术有可能有它自己的局限性，并以我们或许没有意识到的方式限制着我们的双手和大脑。

尽管如此，具有网络特征的书面语言是典型的公共物品。传授一个标准变体而不是当地方言，可以创造一个更大和更统一的社区，这对于印刷商和出版商，尤其是读者来说是一个更大的市场。现代标准语言的形成是一个漫长过程，它在欧洲的开端可追溯到文艺复兴时期（关于意大利语，见 Yates 1983；关于法语，见 François 1959；关于英语，见 Fisher 1977）。它与国家成为政治组织主导形式的出现密不可分，并在工业革命中得以加强。当文学语言成为国家标志，并用作授课语言来教育大众，以满足大规模生产要求（即一致性、可信性和复制性）的时候，政府作为公共物品的提供者和守护者，加强了对文学语言的控制。在工业时代，"公共物品"指的是它的使用、开发和对变化中的环境的适应不再是自发变化和"自然"演化。这不像在过去几个世纪里，文字规范逐渐变化而没有大规模的规划。国家之间当然有所差异。意大利人在国家统一之前有一个秕糠学会（*Accademia della Crusca*）①，法国人建立了一个负责管理语言的学院②以符合国家官僚体制的需求，英国没有建立这样的机构。这些无关紧要。欧洲文艺复兴时期总的发展，是以读写教育和书面文献（尤其是单语辞典）为基础的国家霸权语言的发展。随着《秕糠学术辞典》（*Vocabolario della Crusca*，1612 年）和《法兰西学院辞典》（*Dictionnaire de l'Académie*，1694 年）的出版，意大利和法国走在了前列，但塞缪尔·约翰逊（Samuel Johnson）③ 的字典④（1755 年）和诺亚·韦伯斯特（Noah Webster）⑤ 的词典⑥（1806 年）也成为国家丰碑，就像雅各布·格林（Jacob Grimm）⑦ 和威廉·格林（Wilhelm Grimm）⑧ 两兄弟在 1838 年开始编写、123 年后才完成的《德语大词典》（*Deutsches Wörterbuch*）。

书面语以各种方式成为政治设计的对象。国家提供公共财政支付公立学院开支和母语教育费用，这是因为，国语被认可为影响集体利益的公共物品。从掌权者的角度来看，文字构成严格意义上的语言：规划的语言，即一个需要学习的、规范化的、受规范和规则管辖、通常是任意使用但不是非指导性使用的语言。没有文字就没有语言政策和语言规划。文字的工具性和象征性功能总是使得有权势的人想控制它，声称是为了人们的最大利益。总的思想是，管理对于保护使用者免受变化的负面影响是有必要的。共时异质性（表现为偏离规范）和历时变异性（表现为口语和文字之间相

---

① 秕糠学会成立于 1582 年，旨在纯洁意大利文艺复兴时期的文学语言托斯卡纳语。

② 指的是 1635 年成立的法兰西学院，它是法语拼写、词汇、用法、语法、文学等方面的官方权威机构。

③ 塞缪尔·约翰逊（1709—1784），英国诗人、作家和文学评论家，他编撰的《约翰逊字典》对英语的发展做出了重大贡献。

④ 指的是《约翰逊字典》（*A Dictionary of the English Language*）。

⑤ 诺亚·韦伯斯特（1758—1843），美国辞典编纂者、课本编写作者、拼写改革倡导者、政论家和编辑，被誉为"美国学术和教育之父"。

⑥ 指的是《简明英语词典》（*A Compendious Dictionary of the English Language*）。

⑦ 雅各·格林（1785—1863），德国语言学家和童话作家，他与弟弟威廉·格林搜集和编辑的《德国儿童与家庭童话集》（即《格林童话》）在全世界享有盛名。

⑧ 威廉·格林（1786—1859），德国语言学家和民俗学家。

对应关系的转变）可能会破坏系统而对使用者不利。拼写作为一个自我管理的系统，不能保证语言产出的一致性高得足以满足工业社会的需求。在推动文字改革的时候，人们很少明确提及这些需求，却提及其他价值，例如一个系统的合理性、威严感、美丽和独特性。这再次同时体现语言的工具性和象征性功能，而非仅仅是实用性。由于这个和其他原因，文字改革一般都具有政治含义，而经常变得有较大争议性，这是因为文字改革涉及言语社区，它不是通过法令就能轻易执行的：关键是人们的接受。这些改革代表着所有权和对一个社会的语言的权威，改革本身也是公共选择的一个有趣例子。图 6.1 描述了任何文字改革决策过程中一个非常简单的模式。

这是一个简单模式，也是一个过分简单化的模式。这是因为我们将看到，每一个方框代表着几种影响的复杂组合。例如，在前现代时期，很少有人会因拼写而变得激动不已，而在我们的时代，拼写改革的建议常使人们激动不已，这是非常明显的。这表明，作为公共物品的文字通过普通教育而实现大规模分布，这使拼写充满了现代意识形态，即在生活的许多领域充满了标准。在 19 世纪和 20 世纪的学校里，拼写并非只是一门专业技能，它是从人格形成、道德准则、国家荣耀和差别的角度来设计的。诺亚·韦伯斯特的《美国拼写课本》（*American Spelling Book*）包括了道德问答和爱国问答。它是一个典型而非唯一的例子（Grillo 1989）。

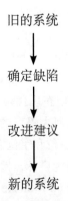

图 6.1 文字改革决策过程中的一个简单模式

书面语可以规范化，即可以确定一个标准并宣布其有效。但是，音素文字系统不像汉字，这表明口语和文字之间存在紧密的对应关系。因为即使在识字率较高的社会里，人们也不能说写一致或拼读一致，所以人们每隔一段时间就有必要进行文字改革，以免这种对应关系变得更复杂。因为文字是人造的，所以每个新的文字系统总可以更好些。只要文字是一种特定语言的文字，就没有达到完美的文字系统。作为在历史某一时刻为某种目的而发明的一种工具，每个文字系统总是从语言匹配、方便学习或政治正确等角度受到人们要求改进的影响。

在现代社会，文字的使用与标准化形式的储存、检索和保障访问信息紧密相连，标准化也确保了连续性。因此文字改革需要官方许可。这种改革总的动机是通过简化规则来保护系统的功能性，因而促进完成儿童掌握读写能力的任务。因为书面语与学校、教堂和法庭等机构有关，所以总是很难将相关讨论局限在狭义的语言方面。文化是一个重要背景，它与语言管理的政治、经济和社会等决定性因素相互影响（Fodor and Hagège 1983—1990）。

文字改革的语言方面

因为文字是固定的，而语言是变化的，所以两者之间的关系经过一段时间可能会发生变化。一般来说，文字系统基本运行单位越小，文字和口语之间的不一致会越快出现。语素文字需要调整的时间间隔要比拼音文字长，这是因为声音变化比形态变化更快。除了一些例外，文字系统并不是有意创造出来的，而是或多或少自然演化而来的。因此，由于语言的历史性，所有文字系统构成解决建立图形和语言单位之间关系的次最佳方案。

中世纪的卡洛林改革（Carolingian reforms）[①] 旨在通过让全帝国的人们按照拼写读音来遏制拉丁语的变化。卡洛林改革之后的文字改革都旨在减小发音和正字法之间的差距。但在现代，人们一般从相反方向进行调整，使拼写与发音一致。考虑到任何大语言的语音变化，拼写改革是知易行难。一种更为适度的目标是使音位和字位之间的关系更一致。一致性、透明度和简单化是拼写改革共同的目标，例如 1995 年荷兰语（van der Sijs 2004）、1996 年德语（Eroms and Munske 1997）、2000 年法语（AIROÉ 2000）以及 2010 年西班牙语（Del Valle and Villa 2012）的正字法改革。所有这些改革声称要简化拼写规则。因为许多规则非常抽象复杂，也因为总有原因保持不规则的拼写，所以这四项改革除了制定了一套规则以外，还包括很长的清单，上面列着认可的不规则拼写。这些清单表明，很难通过

---

① 卡洛林一词来自拉丁文 *Carolus*，指的是查理大帝。

一套简单规则来实现有序拼写。

以上改革与重音符号、字的分离、大写字母使用、借词融合以及其他一些较小问题有关，并不改变正字法的任何本质特征。在所有四个例子中，国际机构努力实现这些改革，但它们遭到旧规范保护者的强烈抵制，结果是不同规范共同存在。语言正统主义者因为这一状态而感到不安，但许多读者、作者和出版商似乎并不在意，这突出了当今拼写改革一个非常有趣的问题。在电脑进行拼写检查的软件时代，掌握拼写规则变得不那么重要了吗？是否"唯一正确的拼写"这种僵化观念表明它是工业社会产物这一真正本质，而欧洲主要标准语言进入后工业社会特有的去标准化阶段？英语、法语和西班牙语等每个语言都有十多种拼写检查程序。在相对较短的一段时间里，认可的正字法证明了国家对语言使用的权威。在工业社会，执行这一权威的主要机构是实行义务教育的学校，其中固定的正字法规范是课程的一个关键部分，它向学生灌输一种准确性和一致性的意识。西方媒体抱怨中学教师对拼写管得越来越松以及大学生不会拼写，这表明这一时期拼写检查可能日益衰落，而国家对语言的权威正让步给市场力量。为了回答是否是这样，我们需要更多有关言语社区如何解决文字变异和以电脑为媒介的文本制作的研究。

文字改革的支持者总是引用纯客观的原因来为有关社区的利益辩解，但他们通常会收到公众不少愤怒的评论，公众并不轻易相信这种利益。这是典型的在政府中的公共选择，政府干预以基于客观标准的方式呈现，并总以"只为你们自己的利益"来宣传。评价文字系统经常使用的标准是透明的、有规律的和简单的。例如，说意大利语的儿童比说英语的同龄儿童拼写得好，有学者把这归功于意大利语拼写系统比英语更透明（Cossu 1999）。但是，人们很少控制其他因素的影响，比如教学方法、社会对读写能力的态度。新加坡儿童英语阅读能力比爱尔兰和美国儿童强（Elley 1993），这些研究发现并不能单靠语言原因来解释。解决英语拼写复杂性的一个著名项目是詹姆斯·皮特曼（James Pitman）爵士发明的早期字母教学（Initial Teaching Alphabet，ITA）（Pitman and St John 1969）。早期字母教学偏向音位，比英语拼写更透明。在 20 世纪 60 年代，它在英国一些学校进行测试，结果证明，它对有严重阅读障碍的学生有用。尽管有大量相关研究，但是并没有真凭实据证明学生在学习中使用早期字母教学，比使用英语传统正字法更有效。同样，尽管有人说美式拼写比英式拼写更规则和更简单，但是没有证据表明美式拼写比英式拼写更容易学。

　　文字和拼写改革的语言原因多种多样，令人信服。人们在一定程度上可以对语言的透明性、内在逻辑和语言动机进行改进。但这些改进是否会对文字的可学性和可用性产生影响，这是另一回事。到目前为止，我们很难找到令人信服的证据来证明文字系统的本质特征会帮助或阻碍脱盲过程。因此，关于读写能力，文字改革中语言上的动机似乎最多只是第二位的。塞巴（Sebba 2007）认为，正字法研究倾向于把正字法看作一个中立结构，而没有充分意识到它的社会文化属性，但任何文字改革都应考虑这一属性。因此他赞成"作为实践的正字法"的概念，这一概念影响机构、传统和态度的形成。

文字改革的社会方面

　　文字改革的一个主要动机是使读写技能的学习变得更容易，从而让人们有更多机会接受教育。15 世纪朝鲜世宗大王（King Sejong the Great）①的一项重大改革就是一个较早的例子。朝鲜人曾经使用汉字进行书写，汉字不仅数目多，而且不适合朝鲜语（Shin, Lee and Lee 1990；Kim-Renaud 1997）。因此，世宗大王命令一些学者创制一种新的单纯的拼音文字系统。该文字更适合朝鲜语，而且比汉字更容易学。这一任务最终完成，令人钦佩。如今称为韩文（*Han'gŭl*）的新系统非常简单，只包括 28 个字母，有明确的语音解释，其中 24 个字母现在仍在使用。汉字读写能力是少数精英的特权，而新系统被证明很容易学。对于它的批评者来说，这一文字太容易学，他们轻蔑地把它称为"晨字"或"女书"，意思是人们在一早上就能学会，甚至连妇女也能学会。这与需要多年学习才能完全掌握汉字读写能力形成鲜明对比。那些从事这项任务的人把这个新的拼音文字视为对他们的知识权威以及社会特权地位的挑战。这种态度经常伴随着从一个文字系统转到另一个文字系统的文字改革（Fishman 1988：280）。

　　汉字也是各种改革的对象。第一次鸦片战争（1840—1843）以后，一场语言运动迅速发展，它把中国的软弱和落后归咎于中国的语言文化（Chen 1996）。知识分子认为，汉字是实现大众读写能力的一个主要障碍，并开始调查代替传统汉字的方法。在 20 世纪，人们意识到教育对赋予普通大众权力的重要性并为之继续努力。在 20 世纪前几十年，人们提出了

---

① 世宗大王（1397—1450），李氏朝鲜第四代君主，朝鲜王朝第二任国王。他在位期间创造了谚文，对朝鲜之后的语言和文化发展带来深远影响。

各种汉字罗马化方案，例如1918年颁布的"注音字母"，1928年颁布的"国语罗马字"和1929年在苏联颁布的"拉丁化新文字"，这些方案的作者和中国政府官员同意需要一个可以管理的书面语言。

在1949年中华人民共和国成立以后，文字改革成为政府优先考虑的事。毛主席亲自参与了讨论（DeFrancis 1950）。中国政府起初似乎决心用拉丁文代替汉字。为了实现这一目标，中国文字改革委员会（Committee for Writing System Reform of China）制订了基于普通话（以北京方言发音为准）的拼音方案。但是，当中国政府在1958年批准公布该方案的时候，拉丁文不再用于取代汉字，而是发挥辅助功能，例如表明汉字发音。

第二个同样以促进读写能力习得为最高目标的改革，即简化汉字，也在同步进行（Coulmas 1983）。中国政府在1956年起草第一批常用简体字。经过长时间的商议和改进，中国政府在1964年批准公布了一批，共1754个简体字。中国政府在1977年公布第二次汉字简化方案，但在当时引起一些混乱，并有人反对。中国政府在1986年废止这一方案。最终只有1956年的改革方案在执行，并对书面语产生了持久影响（Zhao and Baldauf, Jr 2011）。

汉字简化主要包括规范草书和减少笔画。采用这种方法的理由是，笔画越少，意味着学习和书写汉字越容易。潜在的风险是，一些汉字会变得不太独特，而且很难等同于历史上较早的形式。这些担心是合理的，很容易使反对者抵制改革。结果是简体字和繁体字共同使用，这是许多文字改革后，书面语使用的一个常见模式。支持者和反对者通常以保守和进步的政治倾向进行划分，他们都依赖各自的知名专家学者来支持他们的立场。这表明将文字改革的实用性和象征性两个方面分开有多难，也表明没有完全控制领土和／或人口而去推行文字改革是很难的。

规范汉字以及减少汉字图形复杂性和汉字数量有助于提高大众读写能力，这种观点似乎合情合理，但很难证明。原因是读写教育的成功取决于许多因素，并且教育实验室以外现实生活中的条件相当复杂。几十年来，中国台湾的识字率较高，但这并不意味着繁体字适合读写教育。它甚至不能因此用来否定大陆文字改革的努力。我们从汉字改革的例子中可以学到的是，很难证明文字系统的结构特征和读写能力水平之间的关系。泰勒和泰勒（Taylor and Taylor 1995）认为汉字本身并不构成大众读写能力的障碍。但是，或许定期进行文字改革是有原因的，例如协调标准和当前用法，消除不一致的地方。

中国台湾使用繁体字，而且识字率较高。有人认为这是由于社会因素，例如中国台湾城市化水平更高。这种假设也得到了日本经验的支持。自从 19 世纪末日本进入工业化时代以来，尽管日本教育家尝试罗马化汉字，但他们从未抛弃汉字与日本本土发展起来的音节假名的传统混合系统。在美国占领时期，1946 年美国教育使节团（United States Education Mission）建议日本考虑采用罗马化文字。日本开展了一些实验，但一无所获（Unger 1996），这并不妨碍日本实现更高水平的读写能力和在国际学术水平测试中夺魁。对基于汉字的文字系统的观察更有意思，这是因为它们让人怀疑之前所假定的文字系统和读写能力（即系统复杂性和读写能力在社会的传播）之间的因果关系。尤其是在美国和其他说英语的国家，人们常把低识字率归咎于英语拼写的复杂性（Bell 2004），而且简化拼写协会（Simplified Spelling Society）将英语拼写称为"教育的一个严重障碍"。①障碍会有多严重（如果存在障碍的话），这是一个有争议的问题。事实证明很难找到复杂文字系统对教育成就产生负面影响的确凿证据。尽管文字系统的复杂性各不相同，但这种差异有可能并不是儿童多快多好地学习阅读的一个重要的决定性因素，更不用说社会读写能力水平，但其他因素可能更重要，例如学校课程、教学方法、学生的语言背景、义务教育的执行、社会对读写能力的态度等。因为我们只能在实验室条件下控制这些因素，所以几乎不可能确定文字改革对读写能力的影响。

文字改革的政治方面

文字改革不一定具有政治方向，但是它常与政治目标相关，并受到政治目标的推动。书面语形式是身份认同的一个标记，这使得它很容易变成政治工具。一个有名的例子是 20 世纪 20 年代的土耳其语言改革。它是凯末尔·阿塔土克（Kemal Atatürk）② 国家现代化运动的一部分。阿拉伯字母曾是整个奥斯曼帝国③ 使用的土耳其语和中亚其他几种语言所使用的文字。语言改革的结果是，拉丁字母代替了阿拉伯字母。从象征意义来看，在

---

① 参阅 www.spellingsociety.org/aboutsss/leaflets/intro.php。

② 凯末尔·阿塔土克（1881—1938），土耳其共和国缔造者、第一任总统、总理及国民议会议长。他在执政期间施行一系列改革，史称"凯末尔改革"，为土耳其的现代化奠定了良好的基础。

③ 奥斯曼帝国（1299—1922）极盛时势力达亚欧非三大洲。第一次世界大战后，奥斯曼帝国分裂。之后凯末尔领导起义，建立土耳其共和国，奥斯曼帝国至此灭亡。

1928 年采用拉丁字母，表明了土耳其对外关系的重新转向，和增强与欧洲经济和文化联系的愿望。奥斯曼土耳其语（Ottoman Turkish）的字母源于波斯语，在改革之前，它的字母中只有三个不同的元音字母，这从未被看作一个问题。但在现代化的语境中，元音不足被认为是土耳其语的缺陷。因此，它的八个元音被赋予拉丁字母〈i, ü, ı, u, e, ö, a, o〉。与此同时，土耳其语的正统主义者发起运动，减少土耳其语在词汇方面对阿拉伯语和波斯语的依赖，这主要是通过创造许多基于土耳其语词根的新词来代替借词来实现的。使用拉丁字母的土耳其语，象征着该国在文化和政治上的重新转向，从奥斯曼帝国的过去转向与欧洲未来的结盟。奥斯曼帝国解体后重拾国家自尊是政治背景的一部分。用阿塔土克的话来说："土耳其国家能够保护自己领土和崇高独立，它也必须把自己的语言从外来语的桎梏下解放出来。"（转引自 Lewis 2002：42）

先是在苏联建立的时候，后又在苏联解体的时候，类似的文字改革也在苏联势力范围内展开。例如在阿塞拜疆，苏联政府在 20 世纪 20 年代初起先推广土耳其语新拉丁字母的读写能力，"以便把无产阶级从阿拉伯字母中解放出来"（Clement 2005，转引自 Hatcher 2008：107）。但后来由于某种原因，拉丁字母又被西里尔字母代替。在 1991 年苏联解体的几个月里，阿塞拜疆议会恢复拉丁字母为官方文字，并抵制伊朗政府的要求，即要求阿塞拜疆重新使用阿拉伯字母（阿拉伯字母是在伊朗的大批阿塞拜疆少数民族使用的文字）。

土库曼斯坦也经历了类似变化。在后苏联时期，土库曼斯坦人废除了西里尔字母而选择了拉丁字母。拉丁字母实现了音位和字母一一对应，这明显不同于土耳其推广的通用突厥文（Common Turkic Script）。在 1993年，土库曼斯坦颁布法令，规定土库曼斯坦国家字母表（Turkmen National Alphabet）作为国家独立和复兴的标志。另一个改革动机是希望它能有助于提高读写能力："学者们认为每一个音位都有各自字位来标记，这样会促进学习阅读。"（Clement 2008：178）

罗马字母和西里尔字母结构相似，很容易互相转写（见表 6.1）。用一种字母取代另一种字母的动机主要是意识形态而非实用性。摩尔多瓦语（Moldovan）[①] 的文字提供了一个很好的例子。当苏联解体在即，摩尔达维亚苏维埃社会主义共和国在 1989 年发布《摩尔达维亚苏维埃社会主义共

---

① 又称为摩尔达维亚语，属于印欧语系罗曼语族。

和国境内语言功能法》（Law on the Functioning of Languages on the Territory of Moldova），该法赋予摩尔多瓦语（以前被称为使用西里尔字母的罗马尼亚语）官方语言的地位。该法也规定官方语言应该使用拉丁字母，因而消除了在苏联时期发展起来的摩尔多瓦语和罗马尼亚语之间在视觉上的差异。这种差异在苏联时期是为了增强和摩尔多瓦东部西里尔语言，尤其是俄语和乌克兰语之间的联系。1994 年《摩尔多瓦共和国宪法》（Constitution of the Republic of Moldova）宣布摩尔多瓦语是国语，其书面形式使用拉丁字母。语言的名称（是"摩尔多瓦语"还是"罗马尼亚语"）是人们争论的焦点，这是因为一部分人认为自己是罗马尼亚人，而其他人则更喜欢强调他们的独立，"坚持认为他们说的是摩尔多瓦语"（Angheli 2003：72）。用罗马字母代替西里尔字母表明其与苏联过去的中断，而保持一个独特的语言名称表明摩尔多瓦不愿与罗马尼亚统一。

表 6.1 西里尔字母及其相对应的罗马字母

西里尔字母
а б в г д е ж з и к Л м н о п р с т у ф х ц ч ш ы ь э ю я

罗马字母
a b v g d e j z i c l m n o p r s t u f h ţ c ş â i ă iu ea

文字改革经常受到政治驱动，并激起政治热情。与拼写改革相比，文字改革会在更大程度上造成人们精神生活与过去历史的中断，使得普通人看不懂以前文字写的文献。只有当普通大众读写能力水平很低，而且一种强大意识形态（尤其是民族主义）保证改革受到人们欢迎的时候，才不会威胁改革的顺利实施。因为这两个前提条件在后奥斯曼帝国时代的土耳其都存在，所以从阿拉伯字母到拉丁字母的转换没有遇到多大问题便完成了。而在后苏联共和国里，普通大众的读写能力水平较高，文字改革方案引发了较多争议和抵制。

意识形态背后的权力是另一个决定性因素。当越南人在 19 世纪晚期采用拼音文字的时候，他们已经有一千多年使用汉字的历史。但是当中华文明的影响在西方帝国主义猛烈攻击下动摇，而法国人在印度支那建立起殖民统治的时候，他们提出字母意味着进步和大众教育，这种观点很有说服力。尽管在法国殖民统治时期，越南识字率下降（这与阿尔及利亚 ① 相似），但越南人还是完全接受拼音文字（拼音文字原本是劝导人们改信基督教的一种工具），并在反殖民主义和民族主义政策的鼓舞下，把拼音文字成功运用到大众读写能力的推广中（Lo Bianco 2000：103）。越南因而成为唯一一个放弃了中华文明最显著标志和工具（即汉字）的儒家社会。如今人们在越南石碑上仍可找到汉字，但它们的功能几乎完全变成象征性和装饰性了。用一个结构完全不同的文字系统取代一个有上千年历史的文字系统实属罕见，这是因为文化的路径依赖性使得人们很难采取这种极端行为。像土耳其一样，在越南，变化的权力关系、与大众想法类似的现代化意识形态以及"旧"读写能力相对不高的水平，这三者结合在一起，共同驱逐一种旧的帝国体系（它将文人精英与一种普遍传统相联系），而建立一种新的民族读写能力。

由于每个文字改革都植根于各自的政治语境中，所以我们很难对文字改革的成败以及公众支持和反对的程度做出概括。一些改革在规模上远不及越南和土耳其，它们从来没有付诸实施或引起广泛争论。最近德语的拼写改革就是一个例子。一百年来德语拼写改革家一直设法解决大写问题。马丁·路德翻译的《圣经》从 16 世纪起一直是正确拼写的主要参照，他只大写"上帝"、一些先知的名字和句首词的首字母。这种规范非常简单，明显没有受到语言影响。经过一段时间，德语文本中出现大量大写字母，这多次引发改革要求。支持名词首字母大写的人们强调大写字母便于语法分析。但是，考虑到"首字母大写的词"是字典里最常见的对德语名词的解释，这些对读者而言的优势（如果有的话）远不及对作者而言的劣势。（在这种情况下，为了决定是否大写一个词的首字母，你必须知道它是不是一个名词，这取决于是否大写它的首字母。）但是，改革势头反而增大，特别是因为患有阅读障碍症和其他阅读障碍的学生增多。

最近的改革是在 20 世纪初《杜登词典》（*Duden*）出版后的首次改革。因为对语言的权威被看作国家主权问题，所以这次改革从一开始既是一个国家事件，也是一个国际事件。20 世纪 80 年代初一个包括西德、东德、瑞士和奥地利代表在内的委员会成立，或许他们记得在丹麦、比利时、法国和意大利的说德语的少数民族。大写字母的支持者和反

---

① 法国在 1830 年占领阿尔及利亚，并在 1834 年宣布阿尔及利亚为法国属地，1962 年阿尔及利亚获得独立。

对者各自带领着自己的队伍，即语言学家、心理学家和教育家，经过大约十年审议（这项巨大工程进展缓慢），只提出一个很小的"名词小写化"（*Gemäßigte Kleinschreibung*）（适度废除大写）改革方案（Coulmas 1998）。它解决了五个方面的不规则问题：字位与音位的对应，大写，复合词的拼写，连字符和行末单词的分写法，标点符号。虽然它废除了一些过时拼写，并简化了一些规则，但是总的变化是适度的，并没有把书面德语改得面目全非。但是，1995 年的改革方案一公布出来，抗议浪潮就爆发了，并引发重大法律纠纷，人们直接诉讼到宪法法院（*Bundesverfassungsgericht*），即德国最高法院（Johnson 2003）。法院裁定改革很有限，并不会威胁宪法规定的任何权利，因而可以执行。但这并不是事情的结束。在西德的石勒苏益格—荷尔斯泰因州（以下简称石—荷州，Schleswig-Holstein），全民公决以 56.4% 对 29.1% 打败了改革。因为德国没有联邦教育局，所以没有部门能解决接下来的僵局。虽然最高法院已经裁定，教科书也已经按照改革后的拼写印制，但是石—荷州文化部门不能无视全民公决结果。最终各方在 2006 年达成妥协，改革大打折扣，但强硬的改革批评者，例如保守的《法兰克福汇报》（*Frankfurter Allgemeine Zeitung*）坚持他们观点，拒绝接受新规则，并援引最高法院允许个人继续按照旧规则写作的裁定。

改革的实质内容很少（例子见表 6.2），但是引起的混乱值得注意。不管什么原因，人们认为值得广泛阅读报纸上有关拼写的报道、写信投给"读者来信"专栏、参加家长教师协会和其他许多会议、搜集亲笔签名、写申诉书、在全民公决中投票。教育家、出版商、作家、政治家、律师和普通大众参与其中，并将改革交由法庭来裁定其合法性，很少有人对此提出疑虑。许多人认为他们有资格参与争论的主题，即国语的书面形式。因为没有人开展有关潜在动机的社会研究，所以我们只能猜测为什么拼写改革会引起如此高的热情：人们尊重作为文化成就的标准语、尊重政界和制定规则的权威、高估拼写的重要性（或许没有其他问题）。我们在这里看到，尽管很难做出任何总的结论，但是文字改革必须认真考虑政治现实，它不是专家就能解决的一个学术问题。

表 6.2 新旧德语拼写例子

旧的拼写（1901）	新的拼写（2006）	意思
heute abend	heute Abend	今晚
außer acht lassen	außer Acht lassen	忽视
in bezug auf	in Bezug auf	关于
ebensogut	ebenso gut	同样
groß geschrieben	großgeschrieben	大写
Midlife-crisis	Midlifecrisis	中年危机
Im nachhinein	Im Nachhinein	回顾
Paragraph	Paragraph/Paragraf	段落
Rolladen	Rollladen	百叶窗
4zeilig	4-zeilig	4 线

让一国最高法院作为最终仲裁人，这似乎给予拼写一种过分的重要性，但为什么在国家法院停止了？！据报道，在后苏联时代的白俄罗斯发生过一起有关正字法的冲突，其中 1933 年改革的支持者和反对者互相争辩。传统（1933 年以前）拼写的支持者设法让国际人权组织援引《公民权利和政治权利国际公约》（International Covenant of Civil and Political Rights），以此来挑战 1998 年白俄罗斯制定的禁止出版社"歪曲大家都接受的语言规范"的媒体法（Maksymiuk 1999：142）。因为 1933 年之前的拼写以一种不同于俄语和苏联的方式代表白俄罗斯的纯正性，而 1933 年改革是苏联官员颁布的，对一些传统主义者而言，它仍然具有某种和苏联的联系。与许多相似的例子一样，这一争议很明显是有关政治象征而非语言技术问题的。这并不证明技术问题是无效的，但它却有助于正确看待支持和反对改革的各种语言学观点的重要性。

文字改革的经济方面

文字改革的建议经常受到与市场有关的经济因素的推动，这让人想起 15 世纪和 16 世纪早期，随着活字印刷在欧洲的传播，标准化拼写规范在欧洲发展。印刷业在跨越国界统一法语、德语、荷兰语、葡语等拼写规范中有既得利益。例如，学校书籍出版的规模经济很大，这大概是为什么一些英国出版商已经采用了美式英语拼写。印刷和出版是英国第三大产业，在其他拥有"大"语言的国家里也同样发挥着重要作用。加西亚·德尔加多（García Delgado）和阿朗索（Alonso）对西班牙语"语言产品商业化的可能性"做出评论："语言首先而且最直接的经济维度与教学有关，教学是一个商业活动，也是一个适合企业进取精神的领域"（转引自 Del Valle and Villa 2006：375），这一评论适用于所有有广泛影响的语言。

从印刷业的角度来看，尽管数码技术已使得处理其他规范变得更容易和更便宜，但是我们可以把拼写规范看作在划定市场范围。降低成本的重要性要求葡萄牙和巴西的葡萄牙语、荷兰和比利时的荷兰语、说德语的国家的德语等统一拼写。最终，各方都接受的规范比应该是哪个规范更重要。但有时，拼写系统自身本质属性也受到经济评估的影响。在系统设计和学习层面，人们经常提到赞成拼写改革的有效性观点。这些与人们所宣称的，文字系统因不经济而需要改革的观点有关，并导致这种观点的产生。例如："因为我们过时的拼写，每年损失数以亿计的美元，这是人们在学术上遭遇挫折和失败的主要原因。我们浪费钱财来努力教这些过时的拼写，又浪费钱财来努力使用这些过时的拼写。"（Citron 1981：181）这种典型的说法基于人性和文字的某些观点，即人类天性节俭（或者说是懒惰），这一特点已决定了文字的历史。齐普夫（Zipf 1949）[1] 的著作《人类行为与最省力法则》（*Human Behavior and the Principle of Least Effort*）和盖尔布（Gelb 1963）的著作《文字研究》（*A Study of Writing*）都对这些观点进行了非常有力的论证。[2] "齐普夫定律"（Zipf's Law）认为，在自然语言语料库里，一个单词出现的频率与它在频率表里的排名的乘积是一个常数，即少数出现频率较高的词和多数出现频率较低的词的比重固定。根据齐普夫，这种分布证明省力原则的作用，它在人类所有行为中都发挥作用，尤其是在工具的创造和发展中，因保存能量而产生演化的优势。盖尔布（Gelb 1963：72）同样假定文字历史背后存在"经济原则"，该原则旨在"通过最少数量的符号来有效表达语言"。

虽然一些文字系统，尤其是盖尔布非常熟悉的苏美尔语和阿卡德语（Akkadian）[3] 的楔形文字，使用的文字符号数目经过一段时间减少了，但"这是支配文字历史的一条普遍演进原则"的观点是站不住脚的。这是因

---

① 乔治·齐普夫（1902—1950），美国语言学家，代表性研究有齐普夫定律，代表性著作有《人类行为与最省力法则》。

② 参阅莫里斯（Morris 2010），他认为文字历史和人类短暂历史背后的动因是懒惰、贪婪和害怕。

③ 阿卡德语是一种已灭绝的闪米特人语言，属于闪米特—含米特语系闪米特语族。

为，文字符号数目的大小与文字系统其他特征相互影响，而其他特征（尤其是简单性、明确性和正确性）决定着学习和使用的难易程度。例如，虽然日本假名比英语 26 个字母多，但学习假名比学习英语拼写更容易而且更快。尽管芬兰语的 29 个字母在数目上与英语差别不大，但是学习芬兰语拼写也比学习英语拼写容易得多。为什么会是这样的？明显的答案是，文字系统基本符号的数目并不能预测它的复杂程度。芬兰语正字法在从拼写到发音和从发音到拼写的关系上很透明，而且很有规则（Lehtonen 2005：64）。不同的是，英语在这两个关系上模糊多变。它有 280 多个字符（26 个单字母字符，153 个双字母字符、三字母字符和一些超过三个字母的字符）和 220—250 条语音—文字规则（Carney 1994）。因此，我们应把英语拼写视为违反省力原则的拼写，这是由多种因素造成的，例如英语与法语的语言接触、以原来拼写方式吸收许多借词以及未能纠正过时的音位—字位之间的对应关系。所以在一些人看来，应该改革英语拼写。

但是，每一个文字系统都涉及记忆和组合规则。现存文字系统的多样性表明，保持记忆和组合规则两者之间平衡的方式多种多样，有的主要依赖记忆，其他主要依赖分析 / 综合。对于一些语言（例如芬兰语），一些综合大多数单词正确拼写的分析性规则就足够了，但是对于其他语言（例如英语），记住大部分单词的拼写更有用。此外，已经发现的语言文字形式的平衡方式并不是一成不变的。例如英语使用 26 个字母，它已从分析 / 综合转向记忆。因此，即使盖尔布的经济原则（Gelb's principle of economy）对解释文字的早期历史有一些优势，但是它在解释文字系统之间现在的差异时是有限的（Daniels 2008），同样它对文字改革规划的重要性也有限。

这一观察表明，要么省力原则并非像所宣称的那样是普遍的，要么一些文字系统比另一些更经济的观点有问题。即使我们可以根据复杂性对文字系统进行排序（这并不是显而易见的），但我们明显缺乏证据支持文字系统的相对复杂性是决定大众读写能力水平的一个重要变量。因此，我们通过仔细观察可以发现，需要文字改革来减少浪费的观点并不可信。

结语

本章讨论了两种文字改革：文字系统改革和正字法改革。两者都有各种原因，语言、社会、政治和经济，这些原因以多种方式相互影响。按照这些因素的相对比重和对改革方案结果的影响来把它们排序，这可能是可取的，但从语言和社会起始条件的多样性的角度来看，这似乎是不可能的。但是，我们可以从上文回顾的几个例子中做出一些概括。

1. 所有语言和文字都经历过漫长演化。文字是语言的抽象和人造模式，容易受到人为干预（改革）。

2. 在任何时候，语言系统，尤其是声音系统，大部分是自然而然而且不受控制变化的结果。自然调整也影响文字系统，但文字规范是固定的。与语言规则相比，文字规范在更高程度上受到有意识的反思的影响。文字规范是人造的，每一个变化是人造的。

3. 文字是人造的。除了作为视觉交际工具，它也经常较为容易地用于象征性目的。

4. 因此，任何文字改革有工具性和象征性两个方面。

5. 由于文字是由人造的这一本质属性，而文字规范或多或少依赖官方许可，所以改革在工具性方面的考虑可能会让步给象征性方面的考虑。

参与文字改革的语言学家总是意识到，系统且理论充足的论证并不总是获胜。最重要的一点是意识形态观点比功能性观点（系统性和拼写有效性问题）更重要。这是因为，文字系统在语言分系统里最明显，那些不是语言学家的人把它看作语言本身，而把它的历史和象征价值看作身份认同标记。很少见到一个言语社区对一个文字改革不感兴趣或兴趣不大，只把它看作留给专家解决的技术问题。因此，改变文字的尝试可能会变成各方讨论的对象，各方有权发言并参与到决策过程中。

我们回到图 6.1 的模式，为了方便，这里重新展示该图。

图 6.1 文字改革决策过程中的一个简单模式

正如我们已经看到的，一些想影响结果的利益相关者也参与其中：专家、官方机构、私人企业和普通大众。因为他们的专业技能、偏好和动机不一致，所以改革后的系统注定会反映本章所讨论的各种动机和要求，即语言、社会、政治和经济。将这些动机和要求考虑在内，我们得到一个更复杂的图（见图6.2）。

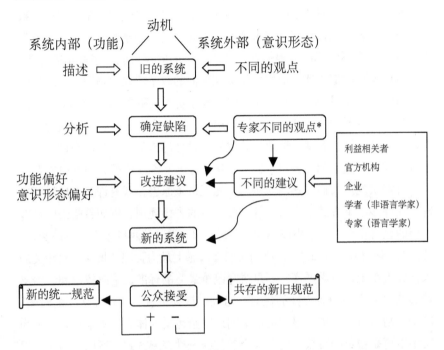

* 例如，关于维持借词原来拼写或本土化，例：使用或不使用声调符号来拼写汉语和日语中的地名（Táiwān 或 Taiwan）；使用或不使用长音符号来标明长元音（Tōkyō 或 Tokyo）。

图6.2 文字改革决策过程中的一个现实模式

图6.2的模式表明，任何文字改革的最终结果都是各方妥协的结果。如果我们说这个模式"预测"或"说明"一种妥协，那么这在理论上或许更令人满意。但考虑到投入的异质性，"预测"和"说明"这两个词过于沉重和简单了。社会现实非常复杂。"说明"一词表明了一种较高的概率，这就是我们可以说的全部了。作为社会产物和公共物品，文字系统是社会进程中不可或缺的一部分，因此人们不可能只是根据科学原因来改造文字系统。从原则上来说，一个言语社区应该将文字系统的监督和定期更新交

给专家，并毫无异议地接受他们的建议，但这当然是不可能的，原因有两个。

1. 问题开始于专家之间意见的不一致。例如，回想一下，英语正字法被描述成"英语单词词汇表征接近最佳的系统"（Chomsky and Halle 1968：49）。诺姆·乔姆斯基（Noam Chomsky）[1] 是我们这个时代最重要的语言学家，我们必须认真对待他的观点，但他的观点是理论性的，未必能说服致力于改革的教育家，他们优先考虑的事不同。阅读心理学家、历史学家和档案保管员有不同标准，他们在描述正字法的时候可能会强调不同方面。即使他们做出类似描述，他们可能会在他们的改革建议中强调在系统里发挥作用的不同原则，例如同音异义词的区分或语音和文字的一致性。

2. 文字系统并不只是一个技术软件。它可以是一个多功能的社会软件，并受到偏好、态度、情感和政治制度设计的影响。此外，在许多例子中（例如英语），各种各样的方言使得找到一个各方都满意的解决方案几乎不可能实现。人们不熟悉新拼写，光凭这个原因，就有许多人反对新拼写。在许多改革方案中，去除各种没必要的古怪规则，例如希腊语中没有功能的重音符号、德语中波形的双"s"< ß >，以及西班牙语中单词 *guión* 等的"腭化符号"（tilde）[2]，遇到人们在情感上最为强烈的抵制。对相关的大部分人来说，科学严谨并不是拼写改革最终的标准。情感依附和政治支持影响着规则性和省力性的优势。当人们谈到传统、常规和认同的时候，减少规则数目、节省笔墨、记忆空间或眼睛运动的体力根本不重要。因为文字不再是精英的特权，而是社会参与的一种普遍方式，所以许多人觉得他们有权、有资格提出他们对书写自己语言的看法。结果是，文字系统里一直存在不一致，又加入新的不一致，这似乎是文字改革一个不可避免的副作用。

讨论题

1. 诺亚·韦伯斯特（Noah Webster）的《美国拼写课本》大约在 1800 年出版，它包括两个附录，一个是道德问答，另一个是联邦教义问答。下面问答是联邦教义问答的一部分。

---

[1] 诺姆·乔姆斯基（1928— ），美国语言学家、哲学家和认知科学家，转换生成语法的创始人，代表作有《语言知识：其性质、来源及使用》《最简方案》等，英文版已由外语教学与研究出版社引进出版。

[2] 腭化符号指的是置于某些语言字母和国际音标中的某些元音符号上表示发音符合的符号。

问：当人们不同意法律的内容，但仍然必须遵守法律，这不是不公正吗？

答：不，这是公正的，只要法律服务于整个社会（公共物品），因为一个社会不可能让所有成员都达成一致。如果我们等待所有人在法律上观点一致，那么我们根本不应该有法律。①

讨论为什么两个教义问答会包括在拼写课本里，上面引用的对话是否适用于拼写？

2. 谁从规范化的拼写系统中获益？

3. 在 2010 年，西班牙皇家语言学院（*Real Academia Española*）发布了新的西班牙语拼写规则。规则包括不再把 <ll> 和 <ch> 作为单独字母列在字母表中，重新将 <y> 命名为 *ye* 而不是 *i griega*（希腊语的 *i*）和一些小的调整。协调者萨尔瓦多·古铁雷斯·奥当内兹（Salvador Gutiérrez Ordóñez）称，这些调整与当前用法保持一致，合理、简单、易于理解。墨西哥报纸《宇宙报》（*El Universal*）关于改变规则发表以下看法：

拼写不仅仅是一种强制规则，它的作用是对所写和所说的维持最低程度的一致和理解。这能由国外一个会议室里的一帮人决定吗？一个以独立为傲的国家不会接受外来规则。②

讨论一下这种看法。

---

① www.merrycoz.org/books/spelling/SPELLING.HTM。

② 《语言杂志》，2010 年 12 月 14 日，www.languagemagazine.com。

第7章 数字化世界的文字和读写能力

来自你的朋友、行业专家、最喜欢的名人和世界各地正发生事情的即时更新。①

DYKWUTB②

从选定精英到师徒传承，再到所有人③。不可否认，虽然这一描述精简了不少，但总的来说，这是文字从开始到现在的社会历史。自从文字发明以来，它已取得很大进展。尽管它已经历许多变化，但是人们很容易看出，文字仍然是那样：通过视觉模式生成和记录意义。但是，我们使用书面文字的环境不同于古代亚述人（Assyrian）④、希腊人和中国人使用书面文字的环境，就像过去和现在使用的技术不同一样。从泥板到触屏的演进是文明路径（Baron 2009），一路上在每个特定时刻受到人们的欢迎和抵制，赞许和诅咒。希腊哲学家狄奥多罗斯（Diodoros）强调了文字的好处。他在公元前1世纪强调了文字的重要性，指出"虽然自然确实是生命起源，但是美好生活的起源基于书面文字的教育"（转引自 Harris 1989：26）。一千多年以后，戈特弗里德·莱布尼茨（Gottfried Leibniz）⑤，当时最伟大的学者，坚信人类是可以改善的。他怀疑文字的作用，担心："我们没用地耗尽好奇，而没有从调查中得到许多使我们高兴的收获，人们之后可能会厌倦科学。致命的绝望会使他们退回到以前野蛮的做法。这可能是书籍不断增加产生的结果。"（Leibniz 1680/1951：29）另一方面，赞扬书面文字的

---

① 推特（一个社交网络及微博客服务）的口号。

② 你知道你在说什么吗？

③ 在文字早期历史，能够读写是少数被选定的精英的特权。后来，文字传播历史的特点是师徒关系。虽然学生人数较少，但是他们在老师的传授下学会文字。现在，随着义务教育的推广，读写能力成为所有人充分参与社会的一个前提条件。

④ 亚述人是主要生活在西亚两河流域北部的一支闪族人，在西亚拥有近4,000年的悠久历史，后来亚述人在外族的入侵下逐渐失去独立。

⑤ 戈特弗里德·莱布尼茨（1646—1716），德国哲学家、数学家和物理学家，历史上少见的通才，被誉为十七世纪的亚里士多德。

声音当然也不缺乏。书面文字不仅把我们从人类记忆力的局限性中解放出来，而且增加了我们使用人类思想产物的机会。古斯塔夫·福楼拜（Gustave Flaubert）[1] 热情地把阅读推荐为人类存在的必需品，这并不令人奇怪："别像儿童那样为了消遣而阅读，也别像雄心壮志的人为了求知而阅读。别那样，阅读是为了生活。在你的头脑里创造一个思想环境，它是由所有伟大思想家的智慧组成的。"（Dufour 2009）尽管很多人会相信这一建议，尤其是那些在文字世界中长大并以文字为生的人，但是文字对所有人的影响并不一样。文化人类学家克劳德·列维-斯特劳斯（Claude Lévi-Strauss）[2] 毕生研究"野蛮人"，即文盲。他批判地看待有文字的文明，认为"如果我的假设正确，那么它将迫使我们承认，书面交际的首要功能是促进奴隶制的发展"（Lévi-Strauss 1973：300）。西方文明史及其对其他文化影响的研究支持这种悲观看法。与此同时，我们必须承认，在没有文字的情况下，想对文字的影响进行批判性评价，这是不可能的。这不仅是因为你无法批判不存在的事物，而且是因为文字使我们以不同方式看这个世界。

文字的艺术性和技术性较为复杂。文字有好处也有坏处，古今皆然。文字帮助提高人类的大脑能力，建立特权，产生歧视和压迫。它有助于传播启蒙和神话、科学和宗教、有用信息和垃圾电邮。在创造伟大的、经过规划的民族语言的过程中，文字发挥了重要作用，但代价经常是，人们遗忘了没有文字的语言。但是，用于文本展示和传播的电子文字技术极大地推动了迄今为止仍没有文字的语言的书写。当杰克·古迪（Jack Goody 1977）将文字描述为"智慧的技术"的时候，他是正确的。但采用新读写研究途径的批评者（Street 1995）坚持认为，读写能力不仅仅是一套抽象的独立于任何社会、政治和经济语境的读写技能，他们也是正确的。文字的发展及其对社会演化的影响是辩证的，每一个技术上的改进会产生人们滥用技术以及纠正滥用的可能性。这里需要补充一点，什么是滥用，什么是纠正，这经常取决于观察者。

文明的历史已产生并继续产生各种不同文字的读写能力，这些文字受不同文化语境的影响，并植根于不同文化语境中。但是，尽管有这些明显差异，但书面文字的力量如此之大，以至于没有人能忽视或回避它。它对

---

① 古斯塔夫·福楼拜（1821—1880），法国著名作家，代表作有《包法利夫人》《情感教育》和《圣安东尼的诱惑》等。

② 克劳德·列维-斯特劳斯（1908—2009），法国人类学家，被誉为"二十世纪人类学之父"，代表作有《种族与历史》和《神话学》等。

我们的控制就像我们对它的控制。尽管有人重新变成文盲是成人扫盲运动中一个常见的现象，但是我们没有听说过有任何一个社区在引入文字以后，又集体放弃文字。文字作为社会组织、权力执行和经济收益的一个不可或缺的工具，它已经影响了世界，并形成今天这样的世界，没有什么表明另一种技术创新会在可以预见的未来取代文字。但是，几十年前，当媒体革命刚开始的时候，这还不太清楚。例如，在 20 世纪 80 年代初，一位英语教授爱德华·科比特（Edward Corbett）询问："文字在这个世纪最后二十多年里是否继续在我们社会的政治、专业、文化和经济事务中发挥重要作用？"（Corbett 1981：47）他认为有必要反对"在电子时代文字过时"的观点（Corbett 1981：52）。今天看来这种立场似乎很奇怪，但是如果我们记得当时大部分人并不知道"手机""短信服务""博客""短信"，甚至"邮件"，那么这种立场或许可以理解。与此同时，文字在多方面的重要性不减，这变得更明显。毫无疑问的是，无论好坏，尽管人们在言语识别和心理解读研究方面已有显著进展，但是当代社会对书面语的依赖比以前更大。文字何去何从？这是本书最后一章探讨的问题。正如新读写研究坚持认为的，除非我们超越数字化语言的技术含义进行思考，否则我们不能指望有任何满意答案。问题是，与过去只有一种工具相比，现在我们有多种新工具做同一件事，而且我们可以做得更好。我们正在应对一个巨大的文化变化，它对语言、社会、经济和政治都产生影响。这个话题很大，这里无法充分讨论。本章讨论在互联网时代文字的一些重要特征。

语言和以电脑为媒介的交际

首先，语言。在数字化影响下语言会变化吗？当然会变化，就像电视脱口秀首次出现的时候，电台广播首次可以实时报道听众看不到的体育赛事和政治集会等事件的时候，报纸开始发行的时候，出版社促进读写能力的习得和语言标准化的时候。新的媒体和文字工具总是引起技术创新独有的语言创新，并超出了语言不停变化的速度。可以预料的是，电子邮件、电子论坛帖子、博客、短信、推特和文字的其他电子形式会产生新的语体和文体变异。但是，语言使用多种多样，而阻止语言变得面目全非的连续性力量也很强大。那么我们可以观察到什么变化呢？

图 7.1 脸书上的文字

　　上一章提到拼写检查软件是否会引起高度标准化语言的去标准化问题，而这些语言恰巧又是在以电脑为媒介的交际中广泛使用的语言。这些巨大变化是否是电脑文字处理和互联网技术出现之后网上文本增加所引起的，这还需要时间来确定，所以现在就给出确定答案为时过早。但毫无疑问的是，语言的使用受到这些技术的影响。和任何其他可以观察到的语言使用中的变化一样，有些人害怕互联网语言的特点会破坏我们所热爱的语言，而其他人并不在乎。已有许多文献研究以电脑为媒介的交际对语言产生的影响（例如 Negroponto 1995；Baron 2008；Crystal 2001, 2008；Danet and Herring 2007；Eckkrammer and Eder 2000；Gottlieb 2011；Randall 2002）。当短期影响和长久结果之间的差异变得更加明显的时候，这些文献肯定会持续增加。这些文献大部分是关于书面语的，表明语言学和语言的变化。

　　社会语言学长期存在一个争论，它关于标准的本质。标准从何而来？如果没有文字，语言标准化是否可能？语言行为的制度规范由地位较高的群体确定，并由语言学院、学校和媒体推广。尽管正误或偏离的概念可以运用到口语中，但很明显，语言标准化得到文字的极大帮助。如第 5 章所讨论的，一般来说，人们把标准编写进入门读物、参考语法和字典中。在当代社会，人们通常承认社区里不同社会阶级对规范的认可，并希望书面语比口语更符合规范。语言社区能容忍不标准的口语而不能容忍不标准的文字，但这是在变化的。与之前的媒体相比，数字媒体对标准化有不同影响。使用金属活字印刷有利于一个固定标准的形式，而数字桌面打印具有更大的灵活性，更不用说无数从未打印出来、只出现在电脑屏幕和其他显示设备上的书面文本。书面交际新的形式以与口语特点相似的方式演化。

类似口语

　　非标准拼写是一些以电脑为媒介的交际（尤其是即时通信）最明显的特征之一。尽管一些保守的教育家和评论者认为，这些偏离会加剧语言变质和中学生半文盲的问题，但是比较客观的分析者指出，这种媒体中的不规范拼写证明了书写者的创新性而非他们能力不足（Tagliamonte and Denis 2008）。克里斯特尔（Crystal）[1] 指出一个显而易见的事实，他认为"如果发短信的人没有接受过读写教育，那么他们根本不能使用手机技术，这意味着他们都接受了标准英语文字系统基本功的训练"（Crystal 2008：48）。人们更容易反对不规范拼写而非随意的口语，这是因为我们流汗流泪才学会正字法，所以我们期望书面文本包括的是拼写标准的词。这一期望在短信中总是被打破，这是因为虽然这种交际是书面形式，但使用者是以类似或概念上的口语形式来处理这种交际方式的。电话是口语交际工具的原型，当听筒装上视觉设备的时候，将口语表现中的特点融入文字中，这或许导致了即时消息混杂的特点（Simpson 2002）。在一篇很有见地的文章里，阿伯克龙比指出"文字是用来记录文章而非会话的工具"（Abercrombie 1963：14）。当他写这篇文章的时候，即时通信还没有出现，聊天只是（口头上的）会话。与此同时，口语特征已进入文字中，虽然在语音模仿上（例如视觉方言）的影响不及在语用和会话层面的影响，但与口语相似的文本信息也已经在单词层面上表现出来。对短信体（即短信中缩短的词）的定量研究结果显示，经常发短信的人更可能创造语音上的短信体，例如

---

① 戴维·克里斯特尔（1941— ），英国语言学家和语言教育家，主编《剑桥语言百科全书》，英文版已由外语教学与研究出版社引进出版。

用 *cum*、*no*、*wot* 表示 *come*、*know*、*what*，而没有经验的人更多地使用
拼写上的短信体，例如 *com*、*knw*、*wat*，保留单词更多拼写特征（Kemp
2010）。

表 7.1 短信术语

AFAIK	as far as I know	据我所知
B4	before	在……之前
CCL	couldn't care less	根本不在意
CU	see you	再见
DNC	do not compute (don't understand)	不懂
F2F	face to face	面对面
G2TU	got to tell you	必须告诉你
JTLYK	just to let you know	只是让你知道
SPST	same place, same time	老地点，老时间
UR	you are	你是
WRK	work	工作
Y?	why	为什么

发短信是全世界使用最广泛的移动数据服务。因为手机发送的书面文
本起初对每条信息的字数有限制，所以奇特的缩略词和包括字母、密码和
字母名称的混合词大量出现。

缩短单词和短语来节省输入的笔画和时间，这是影响这种电子语体的
一种策略。随着短信的来临，在其他许多语言中都出现了类似的缩写形
式，但文字系统对手机界面产生的语体特征有调节作用，并提供了一个有
趣的例子来展示文字系统和技术如何在意义的产生中相互影响。戈特利布
（Gottlieb 2011）描述了日语短信中的一些典型做法。例如，人们为了节省
空间而多用汉字而非混合汉字和假名，创造性地使用字母、罗马数字和数
字符号来模仿或表现口语效果。此外，人们还观察到，社会群体建立自己
的文字使用规范，就像青年人和其他人的行话那样，来增强网络联系和群
体内的团结（Jaffe 2000）。高立伟研究中国城市中受过教育的青年人所使
用的汉语互联网语言，并报告了类似发现。他认为，由于使用者的威望，
这种语言"会传播到其他年龄层，并超越以电脑为媒介的交际模态，从而

导致汉语变化"（Gao 2008：375）。戈特利布在详细描述网上交际与技术有关的特征的时候，对这些特征给语言带来的影响持谨慎态度。他说这些特征可能会被区分开，"当人们使用手机或个人电脑来发邮件或博客帖子的时候会使用这些特征，但人们在其他领域未必会使用这些特征"（Gottlieb 2011：148）。与其他文字技术的创新一样，以电脑为媒介的交际所引起的变化更可能补充而非代替已确立的文字特点和模式。

戈特利布和高立伟注意到较明显的变化是词汇创新，它源于短信服务俚语和跨模态影响。字母键盘对汉语和日语这两种语言有显著影响，由英语字母发音组成的首字母缩略词可以证明这一点。这是品牌名常用的一个策略，例如，*Bee Em Doubleyou*[①]，*Bee Pee*[②] 和 NHK（读作 [en-aitʃ-kaj]，来自 *nihon hōsō kyōkai*，即日本放送协会）。这一策略已进入口语，例如 [key wai] 是一个源于字母 K 和 Y 名称的新词，代表日语词汇 *kūki yomenai*，意思是"不能读取空气"，指的是不懂察言观色的人。同样，*JS* 是"奸商"汉语拼音（*jianshang*）的缩略词。口语中的这些词和其他许多新词证明了在日语和汉语中，以电脑为媒介的交际对口语的影响。尽管这种词明显是数字化文字技术的副产品，但是它们对整个词汇创新的影响有限。我们较难识别数字化对语言其他系统（尤其是句法和形态）的影响。语言出现新的语体和拼写特点，这种文体多样化非常明显，但这并不意味着语言在系统转换上有任何明显的变化。

我们的写作方式已经变化。以前的人们削铅笔，把纸整齐地放在书桌上，以此来开始一天的生活，现在这种人已成为"濒危物种"，大部分专业作家（和大多数非专业作家）打开电脑来开始一天的生活。电脑不仅使他们可以使用拼写检查和句法分析程序，还可以使用网上字典和无数的参考工具书，更不用说数据库、日常新闻和他们自己的档案文件了。所有这些使得写作更容易，并减少了清楚写作在阶级和教育上的障碍。因此，尽管文字处理和互联网技术可能会削弱标准，但与此同时，它们让每个人有机会学习和使用书面语，因而又强化了标准。

写作的公众

由于人们学习和使用书面语的机会增多，所以文字处理软件和以电脑

---

① 指的是 BMW（宝马），德国一家跨国豪华汽车和摩托车制造商。

② 指的是 British Petrol（英国石油）。

为媒介的交际对社会中书面语的使用产生了长久影响。其中最重要的是，尤其是对手机读写活动而言，现在比以往任何时候都有更多人习惯写作。当大众媒体首次出现的时候，它是单向的：少数人写作，多数人阅读。但是数字读写能力意味着使用读写工具，也意味着在许多时候作者和读者之间的时间差可能被消除。写一些别人会读的东西，这曾是掌握适合写作的语言和语体的人们的特权。[1] 我们身边有自己的桌面出版设备，当我们访问聊天室或使用手机的时候，由于上文解释的原因，我们可以自由地违反常规拼写规则，无须解释这是否是因为知识不够或选择有限，用文字表达自我的门槛已经明显降低了。尽管教师、出版商、编辑和其他把关人员还在坚守阵地，但从长远来看，目前大量增加的写作人员，一个新兴的写作群体，可能会对书面语的未来发展产生影响。

书面语作为社会标记的功能以及文体与社会阶级之间的相关性都不会消失，但是越来越多的人掌握了读写能力，这将改变社会等级和语言使用之间的整体关系。拼写检查软件已经改变了我们的写作方式。以前，对手写和打字而言，作者在写作之前需要知道单词的正确拼写，但对以电脑为媒介的写作而言，从一套选择中选择正确拼写就足够了。与此同时，这种软件在最发达国家普及，这使得人们比以前更难原谅正式文体（例如学期论文、个人简历、正式信件等）中的拼写错误。

技术创新经常会被应用到意想不到的地方。当手机在菲律宾普及的时候，在这个近 90% 的人都信仰基督教的国家里，许多青年人发现，通过短信或电邮来忏悔很方便。但是，这种用文字代替口语交际的尝试突然被叫停。主教援引保密性问题，表示不会用电子信息来赦罪。

再举一个例子。谁会预测到 21 世纪初手机小说的诞生？我们不知道在此之前人们是否进行过尝试和经历过失败，但当 2003 年石田衣良（Yoshi）发表了一篇在手机上创作和阅读的小说《深爱》（*Deep Love*）[2] 的时候，它立刻受到日本数百万读者的欢迎。日本是这一语类的发源地，这并非巧合。日本汉字和日语假名字母的信息密度比音素文字要高，当时日本手机上网率也比其他任何国家要高。日本是一个通勤族社会，人们在火

---

[1] 这并不否认方言读写能力的存在或重要性，但这在前现代的欧洲和后殖民的国家或地区里从未融入读写实践的主流中（见 Tabouret-Keller et al. 1997）。

[2] 想要浏览该小说的人可参考 http://view.books.yahoo.co.jp/dor/drm/dor_main.php?key1=dexihhpu02-0002&sp=-1&ad=1&re=0&xmlurl=http%3A%2F%2Fmaster.stream.books.yahoo.co.jp%3A8001%2F&shd=b7721dea011dd9e01e6a4b5f430809b6e4cad30a.

车上花许多时间浏览手机，这或许也促成了手机小说大受欢迎。手机小说也传播到了东亚其他地区。虽然文学评论家回避手机小说，认为它比低俗小说更差，但是这些小说代表了将文字带给公众的趋势。在以电脑为媒介的交际出现之前，人们从未想过写书。

从口口相传到鼠标

技术使人们能够写他们所想的，这不仅允许他们忽视多余字母、大写形式、撇号和正字法的其他细节，而且也使书写任何变体或语言（无论它是否有一套确立的书面规范，还是它是否曾经有书面形式）成为可能。网络包容性很强，它已成为多语网络（Danet and Herring 2007）。如果我们考虑数字化对语言的影响，那么把网上交际意料不到的潜力包括在内是很重要的。许多语言弱势群体已经利用这一潜力。

正如第 3 章所讨论的，计算语言和方言的数量是一个老问题，它困扰着语言学家，不参照非语言的标准是解决不了的。文本数字化及其在网络空间的普及，使得人们有可能计算所有东西（除了语言）的数量。一些网站，例如互联网世界统计（*Internet World Stats*）跟踪互联网上一些语言出现的频率[①]，统一码联盟（Unicode Consortium）[②] 以"使全世界的人们可以通过任何语言使用电脑"为傲（www.unicode.org/）。这一断言隐含的限定条件是"任何认可语言"，本章之后会讨论这一点。但首先，这一技术也支持那些未满足语言认可标准的非常规变体的书面交际，例如使用罗马文字书写文化上处于异地的语言，比如在移民国社区中的阿拉伯语、波斯语、希腊语、旁遮普语（Punjabi）[③] 和乌尔都语（Urdu）[④]（例如 Themistocleous 2010；Rosowsky 2010；Anand n.d.）。在许多移民国，移民的母语主要用于口头交际，年轻的移民一代未接受母语文字和正字法的教育。学校使用罗马文字（例如英语、法语和荷兰语）作为"教学'捷径'"（Rosowsky 2010：163）。或者因为说话人从未学过母语的文字和正字法，但仍想在以电脑为媒介的交际中使用他们族内的语言。

[①] 在写本书的时候（2011 年秋天），英语是互联网上使用最广泛的语言，汉语紧随其后，之后是西班牙语、日语、葡萄牙语、德语、阿拉伯语、法语、俄语和韩语（www.internetworldstats.com/stats7.htm）。

[②] 统一码联盟是一个致力于开发、发展和维护全球通用软件标准和数据格式，特别是维护统一码编码标准的非牟利机构。

[③] 旁遮普语是印度旁遮普邦的官方语言，属于印欧语系印度语族。

[④] 乌尔都语是巴基斯坦的官方语言，属于印欧语系印度语族。

聋人社区的生活受到以电脑为媒介的交际（尤其是短信）的巨大影响。在以前，手语需要面对面的场景和依赖听力正常的人，现在手机把聋人从这些限制中解放出来。因此，即使是在他们自己家里，聋人也可以同另一个房间的人交际，这使他们能够更加独立和灵活。以电脑为媒介的交际技术为聋人提供了新的可能性，这也使一个问题更加突出。大家都知道这个问题，但长久以来都忽视了这个问题，即用哪种语言来写。最常见的做法是使用主导口语来写，即英语、法语、韩语等。但是这个解决方法相当于产生一个极端的双言制形式：用一种语言打手势，而用另一种语言书写。其他方法是手语文字（SignWriting），即用文字系统对手语编码（图7.2）。人们已发展出各种手语文字系统（Hopkins 2008；Arnold and Nakatsui 2010），但目前手语文字未取得很大进展，这是因为聋人社区并没有对此表现出很大兴趣，也因为没有很多文献资料，还因为推动任何新标记法都很不容易。互联网使人们较为容易地建立讨论小组来调查和实验手语文字。

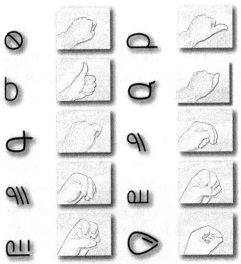

图7.2 美国手语文字的例子

这也适用于许多其他较少使用语言的社区。尽管他们越来越处于全球交际的边缘，但与此同时，他们出于自己的目的，正在利用全球化最好的工具，即互联网，来记录自己的语言并将这些书面材料供大家使用，这样可以防止这些材料放在地方图书馆的书架上而被人们遗忘。对于皮钦语和其他非标准变体，互联网也给了它们新生命（Taavitsainen, Melchers and

Pahta 2000)，这是因为互联网使用者不受任何标准的限制，可以自由使用技术来创造和表达态度及社会文化身份。他们在标准和非标准变体之间转换，这比过去只用于公共用途的写作更灵活。

一个扩大的写作群体和书写任何语言的技术能力并不意味着所有标准都废除了，互联网进入混乱无序的状态，谁都可以进入。在上文提到的语言认可的问题上，国际标准化组织（International Standard Organization）已经确立了请求新语言代码的标准（ISO 639）。从中可以推断，在国际标准化组织的眼中什么算作语言。这里引用全文要点：

- 文献数量。新语言代码的请求应包括一个机构拥有该语言 50 种不同文献或五个机构共同拥有该语言 50 种不同文献的证明。文献包括所有形式的材料，并不局限于文本。
- 共享代码。如果未满足上述标准，那么该语言可被赋予一个新的或现有的共享代码。作为语言名称一部分的"语言"或"其他的"表明代码是共享的。
- 文字。即使一种语言有一套以上的文字，通常为该语言提供一个语言代码，国际标准化组织第 46 技术委员会第二分委员会（ISO/TC46/SC2）① 正在研发国际标准化组织·国际标准草案·15924 文字名称代码（ISO DIS 15924 Codes for the representation of names of scripts）。
- 方言。一种语言的方言通常用该语言所使用的相同的语言代码来代表。如果该语言被赋予一个共享代码，那么它的方言也被赋予同一个共享代码。方言和语言之间的差别会根据具体情况来决定。
- 正字法。使用一种以上正字法的语言只被赋予一个语言代码。（www.loc.gov/standards/iso639–2/iso639jac_n3r.html）

一些小群体追求自己的目的或决定推广一种没有在书面中使用的语言，对这些小群体的私人和半私人交际来说，国际标准化组织不重要。但是，对于追求官方认可的少数民族来说，这些标准或许很重要，这是因为地位或许意味着财政补贴、政府服务和无形的帮助。国际标准化组织 639

---

① 国际标准化组织第 46 技术委员会是国际标准化组织中专门从事文献工作标准化的机构，它的第二分委员会负责书面语言的转换工作。

(ISO 639) 并没有解决语言地位的社会语言学问题，但它明显证明，这些问题已经从打印文本的时代继续保持到短信和其他以电脑为媒介的交际形式的时代。在新时代里人们正在重新界定这些问题。总而言之，互联网已经改变了文字所植根的日常现实。

文字的新经济学

第二，经济。从经济学角度看，在互联网时代，文字的关键问题是全球化数字产品的消费。在知识经济时代，数字产品是一个越来越重要和宝贵的商品，它并不限于书面语。但是当我们谈到技术、科学和实用信息的时候，它们都明显受书面语主导。生产精心设计文本的能力，这是人类资本中一个符合市场需求的成分，现在这一能力比以往任何时候都能养活更多的人。20 世纪 50 年代以来，首先在欧美而后席卷全球的消费资本主义已经带来影响深远的文化转变。广告写作已经被开设到研究生课程中，这是其中最重要和最具代表性的一个转变。在西方生产过剩的经济中，广告业已经成为一个"创新性产业"和一个"社会技术"（Hartley 2009），它不仅驱动着创新和变化，而且进入社会交换领域，已经成为公共领域里一个无所不在的成分（Kasapi 2009）。它是基于知识的经济 ① 中一个巨大的正在增长的部分（OECD 1996），以数以亿计的美元来计算。2011 年，作为全球最大的广告消费者，美国广告全部开支达到 3160 亿美元，这在规模上相当于俄罗斯政府的全部开支（3410 亿美元）。开支并不是全部用于文本，但平面媒体和互联网广告共占大约 50%。再举一个例子，2001 年时代华纳（Time-Warner）② 和互联网服务提供商美国在线（American Online，AOL）的合并总值大约是 1830 亿美元，而书面语是两家公司日常消费的必需品。

因此，文字是一个大商业。如果我们只看商业广告领域，那么这就很明显。当然，还有许多其他表现，例如报纸、杂志、手册、技术报告、目录、教材、儿童读物、宗教书籍、字典、食谱等。在全球市场生产和交易的书面材料继续增加，刺激着储存、分配和管理文本的新技术的发展（Heller 2003）。一代又一代的文字技术扩大了书面材料的数量，正如本章

① 人们一般区分知识产业（knowledge industry，生产知识的经济）和基于知识的产业（knowledge-based industry，使用知识作为资源的经济）。在本书，这一区分不太重要，因为作为资源和商品的知识大多是以书面形式提供的。

② 时代华纳是美国一家大型跨国多媒体公司。

开始引用的莱布尼茨的话表明，这种增长经常被视为对质量的一种威胁。因此，找到我们需要的信息，而又不被边缘或无关材料干扰，这已经变得更加紧迫，也更加困难。

在 1996 年的一份报告中，经合组织提到一种大家都可以访问的新兴图书馆，它具有以下特点："大量公共和私人信息来源，包括数字化的参考书、图书和科技期刊，拥有研究手稿、图像、视频、声音和录音、图形显示以及电邮的各种图书室……这些都是通过各种交际网络联系起来的。"（OECD 1996：13）发达国家的人们都可以访问这个网络空间图书馆，发展中国家的人们也逐渐可以访问这个网络空间图书馆，这已经成为一个现实，并在继续发展。书面材料的数量令人震惊。尽管数字化可以使我们得到想要阅读的书籍，而不用去图书馆或使用费时的馆际互借服务，但是数字化并没有改变我们的阅读能力。假设你还能活 80 年，并已成功完成一个快速阅读课程，你决定把你剩余的生命用来每天阅读一本书。你能阅读的图书数量是越南一年出版的图书数量，大约 25,000 本。联合国教科文组织认为，每个国家每年出版的新书数量是生活标准和教育水平的一个重要指标，因而监测和发布各个国家的统计数据以便进行比较。几十年来，越南一直以较高的读写能力水平为傲。从图书出版的角度来看，它在 110 个国家里排第 18 位。对一些国家来说，统计数据不完整、过时，总的来说并不非常可信。一个次要的问题是我们很难回答什么可以算作是一本书。[①]但是，如果我们把各国数据加起来的话，那么全球每年出版一百多万本新书，误差在几十万，其中英国、中国和德国领先于其他国家。纸质图书出版量正在减少，但电子图书量正在增加。因为阅读行为正在变化，所以现在许多出版商以电子和平装两种形式出版他们所有新书。考虑到数量巨大的出版物和越来越容易获得的科技、教育和文化材料，文本的平面阅读、编索引、总结、交叉引用和翻译等辅助性工具变得更加重要，这维持了附属产业的发展。

编辑和桌面出版、创建和更新数据库、证实来源和识别抄袭、文献计量研究和利用互联网上的数据流来为商业、政治和学术目的分析趋势，从每一个可能角度来筛选和系统化内容，这些只是基于书面语分析的复杂方法之上的一些软件应用。推特、博客和脸书提供无穷尽的信息供我们分

---

① 软件工程师利奥尼德·泰特（Leonid Taycher）参与了谷歌世界图书馆项目，解释了处理图书出版统计数字的一些细节（http://booksearch.blogspot.com/2010/08/books-of-world-stand-up-andbe-counted.html）。

析，社交媒体已经把数以亿计的人们的习惯、情感和偏好引入公共领域。

变化速度很容易超过分析速度，这对撰写技术创新的文章来说是不可避免的风险。善良的读者或许会宽恕我提醒他们这是一本书，不是一个博客，这是为什么我不引用有关储存、检索、计算和交流信息能力的数据[①]或有关电子图书不断增长的市场份额，不断增加的电邮流量和电子数据交换、短信和其他形式的以电脑为媒介的交际，以及恶意软件发展迅速的分布数据。对最新交际设备的评论也一样有风险。我的手机没有安装新闻闹钟和有语言合成器的私人助手。当我早上去办公室的时候，手机不会自动告诉我是否应该带一把伞。我女儿觉得我生活在中世纪。与此同时，我在做日常工作的时候使用软件和硬件等各种写作技术，这些在我上大学的时候无法想象。技术变化从未如此快速。从打字转到文字处理之后，当更多的人首先在台式电脑，然后在移动设备上可以访问互联网的时候，全世界范围的商业和文化的信息流动已经在稳步增长并加快速度，反过来又缩短了技术革新周期。除了打印和出版，处理书面语已经成为一个非常重要的商业，这对文化、社会和政治有许多影响。对于信息技术工程师来说，因为他们关心的是在网络空间流动的电子而非意义，所以信息是否以文本、声音、图像或数字储存和计算是次要的。但从本书角度来看，需要强调的是，没有什么能比得上作为意义生成、储存和交际工具的书面文字。新技术增强而非减弱书面文字的显著位置。数字化极大地扩展了它的范围，产生新的经济活动领域。目前没有什么能与文字的文化重要性相媲美。当工业经济向知识经济转型的时候，因为信息积累、有效交际、传播和处理在很大程度上依赖书面文本（例如打印页面、电脑屏幕、数字阅读器或手机显示），所以书面语在经济上的重要性也已经稳步增长。知识的其他形式，例如组织结构和程序以及操作复杂机器设备的隐性知识依然重要，但不容易转换成市场商品或经济资源。综上所述，在社会的知识库藏中，自从全民读写能力被看作社会发展的一个目标以来，书面语的经济重要性已经稳步增长。数字革命并未改变这一点。

一个改变的公共领域

第三，政治。数字革命也给政治领域带来了巨大变化，涉及文字和书

---

① 希尔伯特（Hilbert）和洛佩斯（López 2011）提供了自20世纪90年代以来有关数字技术发展的一些重要统计数字。

面语在社会中的功能。正如我们在第 2 章所看到的，现代公共领域曾经是一个"只读"的公共领域。以电脑为媒介的交际和大众访问互联网已使公共领域更加互动，公共领域成了一个阅读和写作的公共领域。举几个网上最常见的领域，搜索引擎、社交网站、集体信息网站、约会网站、电子商务网站、网上聊天室、论坛、博客、网上评论、电脑发送清单等，这些都需要积极参与。使用者以某种方式通过书面形式参与这些活动。当本地论坛促进公民网上参与、政府机构在网上向公民提供更多服务和网上选举在许多国家已经迈出实验阶段的时候，电子民主也开始形成。

此外，不同于政府和私人企业，新媒体正在以各种方式影响公民社会（Fischer 2006）。互联网已经创造了一个虚拟空间，激进组织和非政府组织（Non-Governmental Organizations，NGOs）在那里成立，分享信息并组织起来。例如，有人认为在 2011 年 3 月 11 日日本东部发生毁灭性地震和海啸以后，至关重要的信息通过社交网站传播，这弥补了在广大地区已被破坏的正常基础设施通道。尽管人们普遍欢迎搜集和传播有关失踪人员和避难所等信息，但是当自然灾害之后的核电站事件迫使成千上万的人们撤离的时候，新媒体角色不是没有问题的。许多群体和个人开始发布辐射测量值，但不是所有人都被授权或有资格这样做。接着产生两个不希望看到的结果：对政府信息来源的信任被削弱，以及人们受到信息泛滥的困扰。这两个问题是即时通信产生的社会政治影响，而不是日本自然灾害所独有的问题。大家共享信息很可能削弱人们对官方或其他证实的信息来源的信任，而人们可以获得的数据的种类和数量在增加，这对公众选择和评价数据构成了新的挑战。

非政府人员使用新交际技术对社会和政治事件产生深远影响的另一个例子是 2011 年所谓的"阿拉伯之春"（"Arab Spring"）[①]（Al Lawati 2011）。2010 年 12 月在突尼斯开始的阿拉伯世界的骚乱和示威浪潮，在很大程度上依赖互联网通信和社交网络工具，据说这些在两个层面上促成了骚乱。首先，谙熟互联网的年轻人使用社交网站来传播信息和组织集会，并多次避开了政府关闭网站和服务器的举措。尤其是 2011 年 1 月在埃及开始的骚乱中，数字平台产生了政治影响，并在动员示威者和协调他们的活动中发挥重要作用。由于这一潜力，卫星、电脑和摄像机在几十年前已被称赞

---

① 所谓的"阿拉伯之春"是 2010 年年底从突尼斯开始的阿拉伯世界的一次动荡，先后波及突尼斯、埃及、利比亚、也门、叙利亚等国，多名领导人先后下台。

为"自由的技术"(Sola Pool 1984)。控制报纸以及关闭电台和电视台，这比监控互联网更容易，但因为有了新技术，人们使用和滥用新技术成为可能。不管是在叙利亚还是在美国，总有支持和反对政权的黑客。

互联网交际对所谓的"阿拉伯之春"产生影响的第二种方式是维基解密(WikiLeaks)① 公布的一些美国有关阿拉伯领导人的一些外交电报。从其他媒体获得的曝光材料引起了学生群体以外的民众对阿拉伯各国政府的不满。这是通信历史上有趣的一刻，因为一个新技术的运用使原来发明它并以为能完全控制它的人陷入危险。关于自由的技术没有听到太多赞扬，至少美国文化产业和政府没有赞扬它，他们一心想着维持和扩大他们对互联网内容的统治。美国政府对维基解密行为的敌意让人想起 16 世纪教皇对出版社的谴责，出版社使大众可以看到基督教经文，因而对教会对解读经文的垄断和对公众道德的控制构成挑战。相同技术有压制的力量，也有解放的力量。有趣的是，不是双重标准和虚伪的人，而是那些自以为可以为自己目的而利用技术的人，正是这些人打着如意算盘"为一个新兴的世界信息秩序订立条款"(Howley 2005：27)。因此，将互联网称为一个自由的技术，这是一个可疑的命题。可以说，最终是平民百姓的技术打开了秘密信息和所有信息（好的坏的，无论以什么标准）泄露的防洪门，读者将有机会接触到这些信息。

朱利安·阿桑奇(Julian Assange)是维基解密网站的创始人和负责人。他是唯一碰巧了解时代精神和决定全球信息流动的技术本质的信使。演讲角（图 7.3）的临时演讲台不再是自由演说的重要平台，互联网是自由演说的重要平台。自由演说不是唯一的讨论焦点：透明度和拒绝接受信息垄断同样重要，这与在现代伊始，出版社和读写能力的传播推动着人们拒绝接受教会对经文解读的垄断同样重要。2010 年，启动于 2006 年的维基解密在全世界一举成名（图 7.4），这体现了在信息社会里生活的含义(Garnham 2000)。传播写下来的知识变得更容易和更快速，而隐藏公共利益问题、不让公众知道变得更加困难。互联网提供了技术框架，而社会只是开始适应这一框架。维基解密的优点是，它费力地把黑客和检举者从法律边缘阴暗角落里拉到受人尊敬的捍卫民主的舞台上。结果是，我们需要重新考虑许多事情，其中最明显的有版权、作者身份、保护信息来源、审查和隐私等。

---

① 维基解密是一个国际性非营利的媒体组织，专门公开来自匿名来源和网络泄露的文档。

图 7.3 历史：伦敦的演讲角，1933 年，在人们听力范围内演讲

图 7.4 现在：维基解密，2010 年，向世界说话

任何事物在任何时间，不仅在本地，而且在全世界都可以即时发布。在这种情况下，人们正试图回答完全透明在哪里是必要的，限制信息访问及其分布在哪里是最好且切实可行的。不管是在哪里，设立的机构往往使用各种借口支持设限，例如保护特工生命、保护天真无邪的人免受不道德材料的影响、防止亵渎神灵、不干预政府运作、打击非法内容等。有迹象表明，政府对于如何处理互联网上的信息流动非常不确定，其中包括维基解密威胁美国政府保密所引起的骚动。自从21世纪初以来，审查互联网的政府已经大大增多了。一场未公开的军备竞赛正在展开，一方是政府开发软件来进行压制和审查，另一方是积极分子努力反对政府。[①] 维基解密故事是其中的典范，但是我们不应高估它。即使它的对手成功地使朱利安·阿桑奇和他朋友不再发表反对意见，但是想把他打开的漏洞堵上几乎不可能。维基解密已激励无数效仿它的解密网站，例如公司解密、全球解密、公开解密、集体解密、学校解密、以色列解密、沙特解密、环境解密、黑客解密，所有这些网站都致力于将一些人不愿公布的内容公布出来。对政府和人民来说，这极大影响了政治运行方式。

这里不能详细记录以电脑为媒介的交际对政治的影响。出于本书目的，重要的是强调读写能力在政治中的新角色。交际技术的发展，尤其是个人电脑和手机与社交网络工具一起，已经根本改变了文字在社会中使用的方式。尽管我们不能否认图片和视频揭示权力滥用的力量，但是在社交网站和解密网站上，大部分的交际都是书面交际。

在"只读"的公共领域，不论是为了政治宣传运动，还是为了商业广告运动，写作作为一种劝导方式，大部分由政府或商业的、追求利润的媒体控制。尽管书面材料的多样性允许认真仔细的读者保护他们自己，以防沦为意识形态操控下无助的受害者，但是影响公共舆论的方式严重偏向那些控制交际渠道的人。以互联网为媒介的交际的互动潜力并没有改变贫困和权力关系，但它拥有潜力改变公共舆论的形成，更为重要的是改变公共舆论转换成实际行动的方式。技术已经增加了而非减少了文字对人们了解和参与政治的重要性。从所谓的"阿拉伯之春"到"占领

---

① 当维基解密使用互联网曝光美国阴谋诡计的时候，它是邪恶的。当2011年美国国务卿克林顿（Clinton）让社交网站推特延迟网上维修，就像他2009年所做的，以便网站可供伊朗反政府的抗议者使用，这是为了人类利益。当激进分子没有反对伊朗或埃及政府而是反对美国五角大楼（即美国国防部）和美国国务院的时候，他们被指控叛国罪。

华尔街运动"①的政治抗议表明，文字与手机和个人电脑一起，不仅改变了人们如何做生意和与朋友联系的方式，而且改变了他们理解自己在社会中的地位的方式。在互联网时代，新形成的公共领域对政治过程的影响只是刚开始出现而已。

结语

在互联网和以电脑为媒介的交际时代，文字和读写能力获得新的形式和功能，这对语言和文化以及经济和政治有许多影响。尽管本书大部分读者几乎记不得没有互联网的世界，但是媒体革命的时间并不长，万维网（World Wide Web）只是在 1990 年才启动。因此，在以电脑为媒介的交际条件下，处理文字和书面语仍在创新和实验阶段，表现出一些尚未解决的矛盾。数量在几个方面影响了质量。首先，当 2011 年全世界互联网的使用人数超过 20 亿的时候，更多人和许多国家人口中的大部分已经习惯了积极使用文字符号，而不是只做被动的接受者。因此，比以往有更多的人在塑造书面语言的过程中发挥作用。与此同时，也是在 2011 年，第 70 亿个居民在地球上出生。如果我们不考虑互联网用户中 14 岁以下的儿童（这在发达国家是完全不能保证的），那么世界人口仍是互联网用户的三倍，这提醒我们数字鸿沟继续存在，而且最发达和最不发达国家之间在书面语能力和机会上的差距比以往任何时候都要大。这是一个互相矛盾的发展，它遵循着上文讨论的推动书面语制作的商业化逻辑。

数字读写能力中数量影响质量的另一个方面与时间有关。直到最近，文字还意味着有时间差的交际，许多语类仍是这样。在过去，与时差和共现这一对比相关联的是文字的长久和口语的短暂。在自然和规划的交际行为的连续体上，不受控制的随意口语位于一端，而经过深思熟虑反复修改的文本位于另一端，中间是各种混合形式。以电脑为媒介的交际的一些形式的共时性改变了这一连续体的构成。当书面文字从纸张移动到触屏的时候，它具有了以前所没有的即时性，产生类似口语的特征。当"聊天"的原意从有声音的谈话转到网上书面交谈，而大量未经编辑的非正式语言被写下来的时候，口语和文字之间的交际差异也被改变了。尽管以前人们知

---

① "占领华尔街运动"是 2011 年一连串主要发生在美国纽约的集会活动，目标是要持续占领纽约金融中心区的华尔街，反对金融垄断，抗议政坛的钱权交易。该运动蔓延至纽约以外的美国多个主要城市，并出现向全球一些大城市蔓延的趋势。

道非正式写作，但是现在比以前有更多人写更多东西，他们也不认为这些东西会流传下去。拉丁谚语 *Verba volant, scripta manent*（言语飞逝，书写长存）从古代起就适用，但现在不再有效。需要指出另一个矛盾：虽然大部分电子写作并不打印出来或以任何其他形式保存，但是互联网上的每一个词都留下了难以根除的痕迹。信息社会需要解决这一矛盾。

数字读写能力的其他时间方面的特征是快速和半衰期[①]。几十年前，人们需要花几周时间才能得到一本书或一个文件，但现在，参与到文本制作商业中的科学家或作家里没人会等待好几天或好几个小时。虽然人们继续写书并以平装形式出版，但是其他语类（例如手写信件和个人简历）对速度的要求几乎已把读写能力传统的表现形式都赶走了。人们对迅速回答的期待（"迅速"指的是在几小时内）使通信者和其他作家倍感压力。有人认为这是以占用休闲时间充分考虑事情为代价的。我们无须从桌边站起就能使用资源，这已极大地改变了我们的写作方式，也肯定增加了我们的创造力，但却或许缩短了图书和研究论文的半衰期。虽然我们很难衡量这些，但是每个人都感到数字化数据传递速度影响着我们如何使用（制造、处理和储存）书面语言。

在数字时代的另一个矛盾是更容易获得更多书面材料，但却更难处理这些材料。数字交际加快速度，这与人们要求文字社会的居民处理更多文本相互重合。在读写能力的高端，这对我们如何从事科学以及我们能做什么有影响。对发达国家的研究者来说，了解他们领域当前研究的最新情况，这不再是获得相关文献的一个问题，对大量信息进行筛选已成为一个更大的挑战。过多书面知识使我们更迫切地要求有工具能使我们有意义地使用知识。与此同时，在所有研究书面材料的科学领域里，数字化已为基于语料库的定量实证研究提供了新的可能性。[②] 自从拥有一本书是少数人的特权以来，人类才智并没有发生多大变化。传递速度、书面材料数量和储存空间这三者互相影响，来界定一个新的信息环境，现代人必须适应这一环境。

在读写能力的低端，数字技术有潜力充当一个很好的均衡器。大众参与社交网络和论坛，这使得人们更容易找到一个话题的信息，尽管从不相

---

① 半衰期原指放射性元素的原子核有半数发生衰变时所需要的时间。

② 例如，"文化经济学"项目，它是基于 5195769 本数字化图书（占全部已经出版图书的 4%）定量调查文化趋势（Michel et al. 2010）。

关的信息中筛选出有用信息需要一定经验。互联网并没有区分官方的、控制质量的和私人的文本。每个人都有能力提供和消费文本，这种能力在社交网络交际的框架中正转换成一种义务。朋友间的朋辈压力也在虚拟朋友的世界中存在。许多年轻朋友感到社会对他们的认可在很大程度上取决于他们在自己脸书上告诉朋友一些无关紧要事情的能力和意愿。他们这样做，为我们这个时代增加了另一个互联网读写能力尚未解决的矛盾。脸书交际在朋友之间是一种私人事件，但人们在脸书上发的信息会让可能成为他们雇主的人对他们有成见，这算不上是什么秘密。此外，许多用户，尤其是政治家，在脸书上与成千上万的朋友保持着联系。从"私人"这个词的传统意思来看，他们发的信息供朋友阅读，这根本不是私人交际。但是，这个传统意思正在改变。社交网络交际需要重新界定私人和公共之间的差别。

对于青年人（比如说今天的中学生）来说，在半公半私领域交际是确定他们在社会中地位的起点，也是参与社区生活最明显的方式。如果我们想要了解今天社会的写作方式，那么我们必须研究青年人的网上行为。对他们而言，写作发生在一个广告在他们身边突然弹出的商业环境里，这是无法改变的事实，而非令人讨厌的事。他们也认为书面交际不是单向的，写作与口语一样是随意和短暂的。无论是他们的生命故事、他们日常琐事的记录、对时事的评论或是向博客空间的智力贡献，他们都毫不犹豫地把这些发给匿名或不熟悉的读者，并愿意接受改进建议。他们或许能够并有权增强物种的共有知识，毕竟他们是听着这种观点长大的。

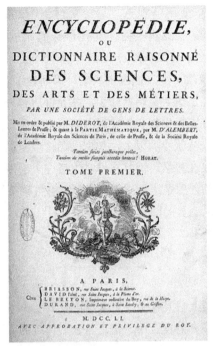

图 7.5 德尼·狄德罗的《百科全书》，1750 年

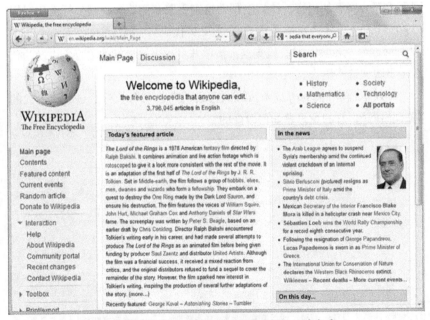

图 7.6 现在：任何人都可以编辑的百科全书

这些确实是文字使用的观点，与自从启蒙运动时期大众读写能力开始以来就流行的观点截然不同。没有什么能比德尼·狄德罗（Denis Diderot）① 的《百科全书》（*Encyclopédie*）（图 7.5）更好地体现通过文字教导民众的努力，它挑战了专制国家的权威，因而使 18 世纪的欧洲资产阶级兴奋不已。它旨在汇集人类所有知识，并允许所有查阅它的人获得任何知识。它的理念是专家提供知识，并以书面形式供公众阅读。这使我们到了最后一个矛盾。自从狄德罗以来，知识已经稳步积累。结果是事情变得非常复杂，我们不仅在科学，而且在日常生活许多事情上都越来越依赖专家的知识。但明显的矛盾是，使用最广的参考书依赖集体智慧。21 世纪对狄德罗《百科全书》明显的回答当然是维基百科（Wikipedia），"任何人都能编辑的免费百科全书"（图 7.6）。

讨论题

1. 个人电邮和网上聊天有哪些文体差异？

2. 在以电脑为媒介的交际中，语言与它们传统的文字系统分离有哪些利与弊？

3. 超文本标记语言属性的声明（HTML lang attribute）可用于声明一个网页或部分网页的语言。这旨在帮助搜索引擎和浏览器。国际标准化组织 639-1（ISO 639–1）列举了语言属性及其代码（www.w3schools.com/tags/ref_language_ codes.asp）。检查这个清单并考虑需要增加的语言，以及为什么需要增加这些语言。

4. *Verba volant, scripta manent*（言语飞逝，书写长存）是欧洲古代的"陈词滥调"。它的意思是如何改变的？

---

① 德尼·狄德罗（1713—1784），法国启蒙思想家、哲学家、作家、百科全书派的代表人物以及第一部法国《百科全书》主编，他的最大成就是主编《百科全书》。

参考文献

All internet sources cited in this book were verified in July 2012.

Abercrombie, David. 1963. Conversation and Spoken Prose. *ELT Journal* 18 (1), 10–16.

AIROÉ. 2000. *Le petit livre de l'orthographe actuelle, d'après le rapport du Conseil Supérieur de la Langue Française, documents administratifs du journal officiel,* no. 100, 6 December 1990, approved by the Académie française.

Al Lawati, Abbas. 2011. During the Arab Media Forum, Dubai: Social Media Played Role in Facilitating Arab Spring. *Media in Egypt,* 18 May. www. mediainegypt.com/2011/05/social-media-played-role-in.html.

American Bar Association. 1999. Plain Language Resolution 9–10 August 1999. www.plainlanguage.gov/populartopics/regulations/aba.cfm.

Anand, Chetan. n.d. Writing Punjabi Using the Roman Alphabet. www. scribd.com/doc/43452449/Punjabi-and-Roman-Characters.

Andrews, Carol, and Stephen Quirke. 1988. *The Rosetta Stone: Facsimile Drawing.* London: The British Museum Press.

Angheli, Natalia. 2003. Moldova. In A. Karlsreiter (ed.) *Media in Multilingual Societies: Freedom and Responsibility.* Vienna: OECD, 71–94.

ANLCI. 2005. Agence Nationale de Lutte contre l'illettrisme. L'enquête IVQ 2004–2005. http://anlci.gouv.fr/?id=445.

Arnold, Robert W., and Beth T. Nakatsui. 2010. *American Sign Language Writing.* North Hollywood, CA: Digits and Digibet. www.si5s.com.

Artico, Francesco. 1976. *Tornén un pas indrìo: raccolta di conversazioni in dialetto.* Brescia: Paideia Editrice.

Assmann, Jan. 1991. *Stein und Zeit: Mensch und Gesellschaft im alten Ägypten.* Munich: Wilhelm Fink Verlag.

Auerbach, Elsa. 1992. Literacy and Ideology. *Annual Review of Applied Linguistics* 12, 71–85.

Backhaus, Peter. 2007. *Linguistic Landscapes: A Comparative Study of Urban Multilingualism in Tokyo.* Clevedon: Multilingual Matters.

Ball, Arnetha F. and Ted Lardner. 2005. *African American Literacies Unleashed: Vernacular English and the Composition Classroom.* Carbondale, IL: Southern Illinois University Press.

Baron, Dennis. 2009. *A Better Pencil: Readers, Writers, and the Digital Revolution.* New York and Oxford: Oxford University Press.

Baron, Naomi S. 2008. *Always On: Language in an Online and Mobile World.* New York: Oxford University Press.

Barton, David. 1994. The social impact of literacy. In Ludo Verhoeven (ed.) *Functional Literacy: Theoretical Issues and Educational Applications.* Amsterdam, Philadelphia: John Benjamins, 185–97.

Barton, David, and Uta Papen. 2010. *The Anthropology of Writing: Understanding Textually Mediated Worlds.* London: Continuum.

Becker-Cantarino, Barbara. 1988. *Low German as a Literary Language in Schlesweg-Holstein in the Seventeenth Century*. Berlin: DeGruyter.

Bell, Allan. 2001. Back in Style: Reworking Audience Design. In P. Eckert and J. R. Rickford (eds.) *Style and Sociolinguistic Variation*. Cambridge and New York: Cambridge University Press, 139–69.

Bell, Masha. 2004. *Understanding English Spelling*. Cambridge: Pegasus Elliot MacKenzie.

Bell, Richard. 1937. *The Qur'ān: Translated with a Critical Rearrangement of the Surahs*. Edinburgh: T. & T. Clark.

Ben-Rafael, Eliezer. 2009. A Sociological Approach to the Study of Linguistic Landscapes. In Elana Shohamy and Durk Gorter (eds.) *Linguistic Landscape: Expanding the Scenery*. New York and London: Routledge, 40–54.

Bergs, Alexander. 2005. *Social Networks and Historical Sociolinguistics*. Berlin, New York: Mouton de Gruyter.

Bernstein, Basil. 1962. Social Class, Linguistic Codes and Grammatical Elements. *Language and Speech* 5, 221–40.

1966. Elaborated and Restricted Codes: An Outline. *Sociological Inquiry* 36, 254–61.

1971. *Class, Codes and Control*, Vol. I. London: Routledge and Kegan Paul.

Beswick, Jaine E. 2007. *Regional Nationalism in Spain: Language Use and Ethnic Identity in Galicia*. Clevedon: Multilingual Matters.

Biber, Douglas. 1988. *Variation across Speech and Writing*. Cambridge: Cambridge University Press.

Biber, Douglas, and Susan Conrad. 2009. *Register, Genre, and Style*. Cambridge: Cambridge University Press.

Blair, Sheila. 2008. *Islamic Calligraphy*. Edinburgh: Edinburgh University Press.

Blanche-Benveniste, Claire. 1994. The Construct of Oral and Written Language. In Ludo Verhoeven (ed.) *Functional Literacy: Theoretical Issues and Educational Applications*. Amsterdam, Philadelphia: John Benjamins, 61–74.

Bloomfield, Leonard. 1933. *Language*. New York: Holt, Rinehart and Winston.

Bourdieu, Pierre. 1977. L'économie des échanges linguistiques. *Langue Française* 34, 17–34.

1982. *Ce que parler veut dire*. Paris: Fayard.

1984. *Distinction: A Social Critique of the Judgment of Taste*, trans. R. Nice. Cambridge, MA: Harvard University Press.

1991. *Language and Symbolic Power*, trans. G. Raymond and M. Adamson. Cambridge, MA: Harvard University Press.

Britto, Francis. 1986. *Diglossia: A Study of the Theory with Application to Tamil*. Washington, DC: Georgetown University Press.

Broadbrige, Judith. 2000. The Ethnolinguistic Vitality of Alsatian-speakers in Southern Alsace. In S. Wolff (ed.) *German Minorities in Europe*. Bern: Peter Lang, 47–62.

Burgess, Anthony. 1992. *A Mouthful of Air: Language and Languages, Especially English*. London: Hutchinson.

Burns, Alfred. 1981. Athenian Literacy in the Fifth Century B.C. *Journal of the History of Ideas* 42(3), 371–87.

Calhoun, Craig. 2002. Imagining Solidarity: Cosmopolitanism, Constitutional Patriotism, and the Public Sphere. *Public Culture* 14, 147–72.

2003. Information Technology and the International Public Sphere. In Douglas Schuler and Peter Day (eds.) *Shaping the Network Society: The New Role of Civil Society in Cyberspace*. Cambridge, MA: MIT Press, 229–51.

Calvet, Louis-Jean. 1987. *La guerre des langues et les politiques linguistiques*. Paris: Payot.

1990. Des mots sur les murs: une comparaison entre Paris et Dakar. In R. Chaudenson (ed.) *Des langues et des villes. Actes du colloque international à Dakar, du 15 au 17 décembre 1990*. Paris: Agence de coopération culturelle et technique, 73–83.

Cardona, Giorgio R. 2009. *Introduzione alla sociolinguistica*, ed. Glauco Sanga. Milan: UTET Università.

Carlson, Keith Thor, Kristina Fagan and Natalia Khaneko-Friesen (eds.). 2010. *Orality and Literacy: Reflections across Disciplines*. Toronto: Toronto University Press.

Carney, Edward. 1994. *A Survey of English Spelling*. London: Routledge.

Cenoz, Jasone, and Durk Gorter. 2006. Linguistic Landscape and Minority Languages. *International Journal of Multilingualism* (special issue) 3(1), 67–80.

Chen, Ping. 1996. Toward a Phonographic Writing System of Chinese: A Case Study in Writing Reform. *International Journal of the Sociology of Language* 122, 1–46.

Chomsky, Noam, and Morris Halle. 1968. *The Sound Pattern of English*. New York: Harper and Row.

Citron, Abraham F. 1981. Our Spelling: Pride, Prudery and Waste. *The Urban Review* 13(3), 181–8.

Civil, Miguel. 1995. Ancient Mesopotamian Lexicography. In Jack M. Sasson (ed.) *Civilizations of the Ancient Near East*. New York: Charles Scribner's Sons, 2305–14.

Clanchy, Michael T. 1979. *From Memory to Written Record in England, 1066–1307*. Cambridge, MA: Harvard University Press.

Clarity. 2002. *A Movement to Simplify Legal Language* 47, May 2002. www.clarity-international.net/journals/47.pdf.

Clement, Victoria. 2008. Emblems of Independence: Script Choice in Post-Soviet Turkmenistan. *International Journal of the Sociology of Language* 192, 171–85.

Code of Hammurabi. 1904. Trans. and ed. with glossary and index of subjects, by Robert Francis Harper. Chicago: University of Chicago Press.

Coluzzi, Paolo. 2007. *Minority Language Planning and Micronationalism in Italy*. Bern: Peter Lang.

Cook, Vivian, and Benedetta Bassetti (eds.). 2005. *Second Language Writing Systems*. Clevedon, Buffalo, Toronto: Multilingual Matters.

Corbett, Edward P. 1981. The Status of Writing in our Society. In M. Farr Whiteman (ed.) *Writing: The Nature, Development and Teaching of Written Communication*, Vol. I. Hillsdale, NJ: Lawrence Erlbaum, 47–52.

Corley, Mary Ann. 2003. Poverty, Racism and Literacy. ERIC Educational Reports. http://findarticles.com/p/articles/mi_pric/is_200300/ai_3805607591/?tag=content;col1.

Cossu, Giuseppe. 1999. The Acquisition of Italian Orthography. In M. Harris and G. Hatano (eds.) *Learning to Read and Write: A Cross-Linguistic Perspective*. Cambridge: Cambridge University Press, 10–33.

Coulmas, Florian. 1983. Writing and Literacy in China. In Florian Coulmas and Konrad Ehlich (eds.) *Writing in Focus*. Berlin: Mouton, 239–53.

(ed.). 1984. *Linguistic Minorities and Literacy: Language Policy Issues in Developing Countries*. Berlin: Mouton.

1992. *Language and Economy*. Oxford: Blackwell.

1994. Writing Systems and Literacy: The Alphabetic Myth Revisited. In Ludo Verhoeven (ed.) *Functional Literacy: Theoretical Issues and Educational Implications*. Amsterdam, Philadelphia: John Benjamins, 305–20.

1996. *The Blackwell Encyclopaedia of Writing Systems*. Oxford: Blackwell.

1998. Spelling with a Capital S. *Written Language and Literacy* 1 (2), 249–52.

2002. Writing is Crucial. *International Journal of the Sociology of Language* 157, 59–62.

2003. *Writing Systems: An Introduction to Their Linguistic Analysis*. Cambridge: Cambridge University Press.

2005. *Sociolinguistics: The Study of Speakers' Choices*. Cambridge, New York, Melbourne: Cambridge University Press.

2009. Language and Economy. In Li Wei and Vivian Cook (eds.) *Contemporary Applied Linguistics*, Vol. II: *Linguistics for the Real World*. London: Continuum, 28–45.

Creppell, Ingrid. 1989. Democracy and Literacy: The Role of Culture in Political Life. *Archives Européennes de Sociologie* 30, 22–47.

Cressy, David. 1980. *Literacy and the Social Order: Reading and Writing in Tudor and Stuart England*. New York: Cambridge University Press.

Crystal, David. 2001. *Language and the Internet*. Cambridge: Cambridge University Press.

2008. *Txtng: The gr8 db8*. Oxford: Oxford University Press.

Curran, Brian A., Anthony Grafton, Pamela O. Long and Benjamin Weiss. 2009. *Obelisk: A History*. Cambridge, MA: MIT Press.

Danet, Brenda, and Susan C. Herring. 2007. *The Multilingual Internet*. New York: Oxford University Press.

Daniels, Peter T. 2008. Grammatology. In D. R. Olson and N. Torrance (eds.) *The Cambridge Handbook of Literacy*. Cambridge: Cambridge University Press, 25–45.

Danzig, Arnold. 1995. Applications and Distortions of Basil Bernstein's Code Theory. In A. R. Sadovnik (ed.) *Knowledge and Pedagogy: The Sociology of Basil Bernstein*. Norwood, NJ: Ablex, 145–69.

Daswani, C. J. (ed.). 2001. *Language Education in Multilingual India*. New Delhi: UNESCO.

Davis, William S. (ed.). 1912–13. *Readings in Ancient History: Illustrative Extracts from the Sources*, 2 vols. Boston: Allyn and Bacon.

D'Avray, David L. 2010. *Rationalities in History*. Cambridge: Cambridge University Press.

De Biasi, Pierre-Marc. 1999. *Le papier: une aventure au quotidien*. Paris: Gallimard.

DeFrancis, John. 1950. *Nationalism and Language Reform in China*. Princeton: Princeton University Press.

Del Valle, José, and Laura Villa. 2006. Spanish in Brazil: Language Policy, Business, and Cultural Propaganda. *Language Policy* 5, 369–92.

2012. La disputada autoridad de las academias: debate lingüísticoideológico en torno a la *Ortografía* de 2010. *Revista Internacional de Lingüística Iberoamericana (RILI)* 19.

Derrida, Jacques. 1967. *De la grammatologie*. Paris: Éditions de Minuit [*Of Grammatology*, trans. Gayatri Chakravorty Spivak. Baltimore: The Johns Hopkins University Press, 1974].

1972. *Positions*. Paris: Éditions Minuit.

Deshpande, Madhav M. 1979. *Sociolinguistic Attitudes in India: A Historical Reconstruction*. Ann Arbor, MI: Karoma.

Deumert, Ana. 2004. *Language Standardization and Language Change: The Dynamics of Cape Dutch*. Amsterdam: John Benjamins.

Dighe, Anita. 2000. The Role of Adult Education in Reducing Class and Gender Disparities. In C. J. Daswani and S. Y. Shah (eds.) *Adult Education in India*. New Delhi: UNESCO, 321–30.

Djité, Paulin. 2008. Development and the National Language Question: A Case Study. *International Journal of the Sociology of Language* 212, 43–54.

2011. *The Sociolinguistics of Development in Africa*. Clevedon: Multilingual Matters.

Donati, Angela. 2002. *Epigraphia romana: la communicazione nell'antichità*. Bologna: Il Molino.

Dufour, Philippe. 2009. Lire: écrire. Flaubert. *Revue Critique et Génétique* 2. http://flaubert.revues.org/845.

EBLUL-France, The French Committee of the European Bureau for Lesserused Languages. 2007. Regional and Minority Languages and Cultures in France are Outlaws, a paper addressed to the UN Committee on Economic, Social and Cultural Rights. www2.ohchr.org/english/bodies/cescr/docs/info-ngos/eblul.pdf.

Eckkrammer, Eva. M., and Hildgrun M. Eder. 2000. *(Cyber) Diskurs zwischen Konvention und Revolution. Eine multilinguale textlinguistische Analyse von Gebrauchstextsorten im realen und virtuellen Raum.* (Studien zur romanischen Sprachwissenschaft und interkulturellen Kommunikation 2.) Frankfurt am Main: Peter Lang.

Eisenstein, Elizabeth L. 1979. *The Printing Press as an Agent of Change*. Cambridge: Cambridge University Press.

Elley, Warwick B. 1993. *Reading: Literacy in Thirty Countries*. Oxford: Pergamon.

Eroms, Hans-Werner, and Horst HaiderMunske (eds.). 1997. *Die Rechtschreibreform. Pro und Kontra*. Berlin: Erich Schmidt Verlag.

Extra, Guus, and Ludo Verhoeven. 1992. *Immigrant Languages in Europe*. Clevedon: Multilingual Matters.

Falkenstein, Adam. 1954. La cité – temple sumérienne. *Cahier d'Histoire Mondiale* (Neuchâtel) 1, 784–814.

Febvre, Lucien, and Henri-JeanMartin. 1999 [1958]. *L'apparition du livre*. Paris: Albin Michel (Bibliothèque Évolution Humanité).

Ferguson, Charles A. 1959. Diglossia. *Word* 15, 325–40.

Ferguson, Ronnie. 2007. *A Linguistic History of Venice*. Florence: Leo S. Olschki.

Fischer, Hervé. 2006. *Digital Shock: Confronting the New Reality*. Montreal: McGill-Queen's University Press.

Fisher, J. H. 1977. Chancery and the Emergence of Standard Written English in the Fifteenth Century. *Speculum* 52, 870–99.

Fishman, Joshua A. 1967. Bilingualism With and Without Diglossia: Diglossia With and Without Bilingualism. *Journal of Social Issues* 23, 29–38.

1988. Ethnocultural Issues in the Creation, Substitution, and Revision of Writing Systems. In Bennett A. Rafoth and Donald L. Rubin (eds.) *The Social Construction of Written Communication*. Norwood NJ: Ablex, 273–86.

1991. *Reversing Language Shift*. Clevedon: Multilingual Matters.

Fiske, John. 2002. *Introduction to Communication Studies*. London: Routledge.

Fodor, István, and Claude Hagège (eds.). 1983–90. *Language Reform, History and Future*, 3 vols. Hamburg: Buske.

François, Alexis. 1959. *Histoire de la langue Française cultivée: des origins à nos jours*. Geneva: Jullien.

Frangoudaki, Anna. 2002. Greek Societal Bilingualism of More Than a Century. *International Journal of the Sociology of Language* 157, 101–7.

Freedman, Adam. 2007. *The Party of the First Part: The Curious World of Legalese.* New York: Henry Holt.

Fromkin, Victoria. 2000. *Linguistics: An Introduction.* Malden, MA: Blackwell.

Gair, James W. 1986. Sinhala Diglossia Revisited *or* Diglossia Dies Hard. In Bh. Krishnamurti, C. Masica and A. K. Sinha (eds.) *South Asian Languages: Structure, Convergence and Diglossia.* Delhi: Motilal Banarsidass, 322–36.

Gao Liwei. 2008. Language Change in Progress: Evidence from Computer Mediated Communication. In Marjorie K. M. Chan and Haria Kang (eds.) *Proceedings of the 20th North American Conference on Chinese Linguistics (NACCL-20)* . Columbus: The Ohio State University, Vol. I, 361–77.

Gardner, Rod, Richard Fitzgerald and Ilana Mushin. 2009. The Underlying Orderliness in Turn-taking. *Australian Journal of Communication* 36(3), 65–89. http://aiemca.net/wp-content/uploads/2010/01/Orderliness.pdf.

Garner, Bryan. 1995. *A Dictionary of Modern Legal Usage.* New York: Oxford University Press.

Garnham, Nicholas. 2000. The Role of the Public Sphere in the Information Society. In C. T. Marsden (ed.) *Regulating the Global Information Society.* London: Routledge, 43–56.

Gee, James P. 1990. *Social Linguistics and Literacies: Ideology in Discourses. Critical Perspectives on Literacy and Education.* London: Falmer Press.

1977. *An Introduction to Discourse Analysis: Theory and Method.* London: Routledge.

Gelb, I. J. 1963. *A Study of Writing.* Chicago and London: University of Chicago Press.

Gerö, Eva-Carin, and Hans Ruge. 2008. Continuity and Change. The History of Two Greek Tenses. In Folke Josephson and Ingmar Söhrman (eds.) *Interdependence of Diachronic and Synchronic Analysis.* Amsterdam, Philadelphia: John Benjamins, 105–29.

Ghose, Malini. 2001. Women and Empowerment through Literacy. In D. Olson and N. Torrance (eds.) *The Making of Literate Societies.* Oxford: Blackwell, 296–316.

Giles, Howard, and Nikolas Coupland. 1991. *Language: Contexts and Consequences.* Milton Keynes: Open University Press.

Goethe-Wörterbuch. N.d. www.uni-tuebingen.de/gwb/.

Goody, Jack. 1977. *The Domestication of the Savage Mind.* London: Cambridge University Press.

1987. *The Logic of Writing and the Organization of Society.* Cambridge: Cambridge University Press.

Goody, Jack, and Ian Watt. 1968. The Consequences of Literacy. In Jack Goody (ed.) *Literacy in Traditional Societies.* Cambridge: Cambridge University Press, 27–68.

Gorter, Durk (ed.). 2006. Linguistic Landscape: A New Approach to Multilingualism. *International Journal of Multilingualism* (special issue).

Gottlieb, Nanette. 2011. Technology and the Writing System in Japan. In P. Heinrich and C. Galan (eds.) *Language Life in Japan: Transformations and Prospects.* London and New York: Routledge, 140–53.

Graff, Harvey J. 1986. The History of Literacy: Toward the Third Generation. *Interchange* 17(2), 122–34.

Green, Richard Firth. 1999. *A Crisis of Truth: Literature and Law in Ricardian England.* Philadelphia: University of Pennsylvania Press, 1999.

Grillo, Ralph D. 1989. *Dominant Languages: Language and Hierarchy in Britain and France.* Cambridge: Cambridge University Press.

Guérin-Pace, F., and A. Blum. 1999. L'illusion comparative: les logiques d'élaboration et d'utilisation d'une enquête internationale sur l'illettrisme. *Population* 54, 271–302.

Guerini, Federica. 2006. *Language Alternation Strategies in a Multilingual Setting: A Sociolinguistic Study of Ghanaian Immigrants in Northern Italy.* Bern: Peter Lang.

Habermas, Jürgen. 1991 [1962]. *The Structural Transformation of the Public Sphere: An Inquiry into a Category of Bourgeois Society,* trans. Thomas Berger, with the assistance of Frederick Lawrence. Cambridge, MA: MIT Press [*Strukturwandel der Öffentlichkeit. Untersuchungen zu einer Kategorie der bürgerlichen Gesellschaft.* Frankfurt: Suhrkamp].

　1974. The Public Sphere: An Encyclopedia Article (1964). *New German Critique* 3, 49–55.

　2008. Public Space and Political Public Sphere: The Biographical Roots of Two Motifs in My Thought. In *Habermas Between Naturalism and Religion: Philosophical Essays.* Polity, 11–23.

Haeri, Niloofar. 2003. *Sacred Language, Ordinary People.* New York: Palgrave Macmillan.

Halliday, M. A. K. 1985. *Spoken and Written Language.* Oxford: Oxford University Press.

Harris, Roy. 1980. *The Language Makers.* Ithaca, NY: Cornell University Press.

　1986. *The Origin of Writing.* London: Duckworth.

　2000. *Rethinking Writing.* London: Athlon Press.

Harris, William V. 1989. *Ancient Literacy.* Cambridge, MA: Harvard University Press.

Hartley, John. 2009. *The Uses of Digital Literacy.* St Lucia, Qld.: University of Queensland Press.

Harvey, F. D. 1966. Literacy in Athenian Democracy. *Revue des Études Grecques* 79, 585–635.

Hatcher, Lynley. 2008. Script Change in Azerbaijan: Acts of Identity. *International Journal of the Sociology of Language* 192, 105–16.

Havelock, Eric A. 1982. *The Literate Revolution in Greece and Its Cultural Consequences.* Princeton, NJ: Princeton University Press.

Haviland, John B. 2006. Documenting Lexical Knowledge. In J. Gippert, N. P. Himmelmann and U. Mosel (eds.) *Essentials of Language Documentation.* Berlin, New York: Mouton DeGruyter, 129–62.

Heath, Shirley. B. 1981. Toward an Ethnohistory of Writing in American Education. In M. Farr Whiteman (ed.) *Writing: The Nature, Development and Teaching of Written Communication,* Vol. I. Hillsdale, NJ: Lawrence Erlbaum, 25–45.

　1982. Protean Shapes in Literacy Events: Ever-shifting Oral and Literate Traditions. In D. Tannen (ed.) *Spoken and Written Language: Exploring Orality and Literacy.* Norwood, NJ: Ablex, 91–117.

Heller, Monica. 2001. Legitimate Language in a Multilingual School. In M. Heller and M. Martin-Jones (eds.) *Voices of Authority: Education and Linguistic Difference.* Westport, CT: Ablex, 381–402.

　2003. Globalization, the New Economy, and the Commodification of Language and Identity. *Journal of Sociolinguistics* 7(4), 473–92.

Hilali, M. T. al-, and M. M. Kan. 1983. *Translation of the Meaning of the Noble Qur'an in The English Language.* Medina, Saudi Arabia: King Fahd Complex.

Hilbert, Martin, and Priscila López. 2011. The World's Technological Capacity to Store, Communicate, and Compute Information. *Science* 332, 60–5.

Himmelmann, Nikolaus P. 2006. The Challenges of Segmenting Spoken Language. In J. Gippert, N. P. Himmelmann and U. Mosel (eds.) *Essentials of Language Documentation.* Berlin, New York: Mouton DeGruyter, 253–74.

Hopkins, Jason. 2008. Choosing How to Write Sign Language: A Sociolinguistic Perspective. *International Journal of the Sociology of Language* 192, 75–89.

Howley, Kevin. 2005. *Community Media: People, Places and Communication Technologies*. London: Cambridge University Press.

Hudson, Alan. 2002. Outline of a Theory of Diglossia. *International Journal of the Sociology of Language* 157, 1–48.

Indigenous Literacy Project. n.d. www.indigenousliteracyproject.org.au/About/IndigenousLiteracy.aspx.

Jaffe, Alexandra. 2000. Non-standard Orthography and Non-standard Speech. *Journal of Sociolinguistics* 4, 497–513.

Jama, Deeqa, and George Dugdale. 2010. Literacy: State of the Nation. A Picture of Literacy in the UK Today. National Literacy Trust. www.literacytrust.org.uk/assets/0000/3816/FINAL_Literacy_State_of_the_Nation_-_30_March_2010.pdf.

Jeffrey, David L. 1996. *People of the Book: Christian Identity and Literary Culture*. Grand Rapids, MI: Wm B. Eerdmans.

Jencks, Christopher, and Meridith Phillips (eds.). 1998. *The Black–White Test Score Gap*. Washington, DC: The Brookings Institute.

Johnson, Sally. 2003. The Cultural Politics of the 1998 Reform of German Orthography. *German Life and Letters* 53, 106–25.

Jones, Derek (ed.). 2001. *Censorship: A World Encyclopedia*, Vols. I –IV. London: Fitzroy Dearborn.

Kahane, Henry. 1986. A Typology of the Prestige Language. *Language* 62, 495–508.

Kalantzis, Mary, and Bill Cope (eds.). 2000. *Multiliteracies and the Design of Social Futures*. Abingdon: Routledge.

Kasapi, Eleni. 2009. Viral Advertising: Internet Entertainment and Virtual Society. In H. Powell et al. (eds.) *The Advertising Handbook*. London and New York: Routledge, 119–25.

Kaye, Alan S. 2002. Comment on Alan Hudson's "Outline of a Theory of Diglossia". *International Journal of the Sociology of Language* 157, 117–25.

Kemp, Nenagh. 2010. Texting versus Txtng: Reading and Writing Text Messages, and Links with Other Linguistic Skills. *Writing Systems Research* 2, 53–71.

Kim-Renaud, Young-Key (ed.). 1997. *The Korean Alphabet: Its History and Structure*. Honolulu: University of Hawaii Press.

Kimble, J. 1995. Answering the Critics of Plain Language. *The Scribes Journal of Legal Writing* 5, 51–85.

Kloss, Heinz. 1967. Abstand Languages and Ausbau Languages. *Anthropological Linguistics* 9, 29–41.

Koller, Andreas. 2010. The Public Sphere and Comparative Historical Research. *Social Science History* 34(3), 261–90.

Krishnamurti, Bh. (ed.). 1986. *South Asian Languages: Structure, Convergence and Diglossia*. Delhi: Motilal Banarsidass.

Krumbacher, Karl. 1902. *Das Problem der neugriechischen Schriftsprache*. Munich: Königlich-Bayrische Akademie.

Labov, William. 1969. The Logic of Non-standard English. In J. Alatis (ed.) *Georgetown Monographs on Languages and Linguistics 22*. Washington, DC: Georgetown University Press, 1–44.

1972. *Sociolinguistic Patterns*. Philadelphia: University of Pennsylvania Press.

1994. *Principles of Linguistic Change*. Oxford: Blackwell.

Landry, Rodrigue, and Richard Y. Bourhis. 1997. Linguistic Landscape and Ethnolinguistic Vitality. *Journal of Language and Social Psychology* 16(1), 23–49.

Lartichaux, Jean-Yves. 1977. Linguistic Politics during the French Revolution. *Diogenes* 97, 65–84.

Lawton, Denis. 1968. *Social Class, Language and Education*. London: Routledge and Kegan Paul.

Lee, Alison. 1996. *Gender, Literacy, Curriculum: Re-writing School Geography*. Milton Park, Abingdon: Taylor and Francis.

Leech, Geoffrey (with D. Biber, S. Johansson, S. Conrad and E. Finegan). 1999. *Longman Grammar of Spoken and Written English*. London: Longman.

Lehtonen, Annukka. 2005. Sources of Information Children use in Learning to Spell: The Case of Finnish Geminates. In R. Malathesa Joshi and P. G. Aaron (eds.) *Handbook of Orthography and Literacy*. Mahwah, NJ: Lawrence Erlbaum, 63–79.

Leibniz, Gottfried. 1680. Préceptes pour avançer les sciences [*Leibniz: Selections*, ed. Philip P. Wiener. New York: Charles Scribner's Sons, 1951, 29–46].

leo. – Level-One Studie. 2011. Hamburg University. http://blogs.epb.unihamburg.de/leo/files/2011/02/leo-Presseheft-web.pdf.

Lévi-Strauss, Claude. 1973[1955]. *Tristes tropiques*. trans. J. & D. Weightman. London: Cape. [*Tristes Tropiques*. Paris: Plon].

Levine, Kenneth. 1994. Functional Literacy in a Changing World. In Ludo Verhoeven (ed.) *Functional Literacy: Theoretical Issues and Educational Applications*. Amsterdam, Philadelphia: John Benjamins, 113–31.

Lewis, Geoffrey. 2002. *The Turkish Language Reform: A Catastrophic Success*. New York: Oxford University Press.

Lewis, Mark Edward. 1999. *Writing and Authority in Early China*. SUNY Series in Chinese Philosophy and Culture. Albany: State University of New York Press.

Linell, Per. 2005. *The Written Language Bias in Linguistics: Its Nature, Origin and Transformation*. London: Routledge.

Lo Bianco, Joseph. 2000. Multiliteracies and Multilingualism. In Bill Cope and Mary Kalantzis (eds.) *Multiliteracies: Literacy Learning and the Design of Social Futures*. Abingdon: Routledge, 92–105.

Luther, Martin. 1529. Eine Heerpredigt wider die Türken [Military Sermon Against the Turks]. *Weimarer Ausgabe (WA)* 53, 272–396.

1530. Sendbrief vom Dolmetschen [Open Letter on Translating]. *Weimarer Ausgabe (WA)* 7, 544–604 [English translation by Gary Mann. www.iclnet.org/pub/resources/text/wittenberg/luther/luther-translate.txt].

Lyons, John. 1968. *Introduction to Theoretical Linguistics*. Cambridge: Cambridge University Press.

Maksymiuk, Jan. 1999. An Orthography on Trial in Belarus. *Written Language and Literacy* 2(1), 141–4.

Marfany, Joan-Lluís. 2010. Sociolinguistics and Some of its Concepts. *International Journal of the Sociology of Language* 206, 1–20.

Marshall, David F. 2011. The Reforming of English Spelling. In J. A. Fishman and O. García (eds.) *Handbook of Language and Ethnic Identity*, Vol. II. Oxford, New York: Oxford University Press, 113–25.

Martin-Jones, Marilyn, and Kathryn Jones. 2000. *Multilingual Literacies: Reading and Writing Different Worlds*. Amsterdam, Philadelphia: John Benjamins.

Matthews, P. H. 2003. *Linguistics: A Very Short Introduction*. New York: Oxford University Press.

McGuigan, Jim. 1996. *Culture and the Public Sphere*. London and New York: Routledge.

McKee, Alan. 2005. *The Public Sphere: An Introduction*. Cambridge: Cambridge University Press.

Mellikoff, David. 1992. *Mellikof's Dictionary of American Legal Usage*. St Paul: West Publishing Co.

Michel, Jean-Baptiste, et al. 2010. Quantitative Analysis of Culture Using Millions of Digitized Books. *Science*. www.sciencexpress.org/16December2010/10.1126/science.1199644.

Morris, Ian. 2010. *Why the West Rules – For Now*. New York: Farrar, Straus and Giroux.

Moss, Gemma. 2007. *Literacy and Gender: Researching Texts, Contexts and Readers*. Milton Park, Abingdon: Routledge.

Movement for Canadian Literacy. n.d. *Literacy for Life, Fact Sheet #9*. www.nald.ca/library/research/mcl/factsht/poverty/page1.htm.

Müller, Karin. 1990. *"Schreibe, wie du sprichst!" Eine Maxime im Spannungsfeld von Mündlichkeit und Schriftlichkeit*. Frankfurt am Main, Bern, New York: Peter Lang.

Negroponte, Nicholas. 1995. *Being Digital*. New York: Alfred A. Knopf. (A cyberspace extension at http://archives.obs-us.com/obs/english/books/nn/bdintro.htm.)

Neidhardt, Friedhelm. 1994. Öffentlichkeit, öffentliche Meinung, soziale Bewegungen. In Friedhelm Neidhardt (ed.) *Öffentlichkeit, öffentliche Meinung, soziale Bewegungen*. Opladen: Westdeutscher Verlag, 7–41.

Nystrand, Martin. 1986. *The Structure of Written Communication*. Orlando, FL: Academic Press.

O'Grady, William, Michael Dobrovoesky and Francis Katamba. 1997. *Contemporary Linguistics: An Introduction*. London: Longman.

O'Keef, Barbara J., and Jesse G. Delia. 1988. Communicative Tasks and Communicative Practices: The Development of Audience-centered Message Production. In Bennett A. Rafoth and Donald L. Rubin (eds.) *The Social Construction of Written Communication*. Norwood, NJ: Ablex, 70–98.

OECD. 1996. *The Knowledge-Based Economy*. Paris: OECD: OECD/GD (96) 102.

1997. *Literacy Skills for the Knowledge Society: Further Results from the International Adult Literacy Survey*. Paris: OECD.

2000. *Literacy in the Information Age: Final Report of the International Adult Literacy Survey*. Paris: OECD.

Olson, David R. 1977. From Utterance to Text: The Bias of Language in Speech and Writing. *Harvard Educational Review* 47(3), 257–86.

1994. *The World on Paper*. Cambridge: Cambridge University Press.

Olson, David R., and Nancy Torrance (eds.). 1991. *Literacy and Orality*. Cambridge: Cambridge University Press.

Omoniyi, Tope. 2010. Introduction: Change, Accommodation and Conflict. In Tope Omoniyi (ed.) *The Sociology of Language and Religion*. New York: Palgrave Macmillan, 1–13.

Ong, Walter J. 1982. *Orality and Literacy: The Technologizing of the Word*. London: Methuen.

Pandharipande, Rajeshwari. 1992. Language and Religion in South Asia: The Case of Hindi. In Edward C. Dimock, Braj B. Kachru and Bh. Krishnamurti (eds.) *Dimensions of Sociolinguistics in South Asia*. New Delhi: Oxford & IBH Publishing Co., 271–83.

Parkinson, Richard. 1999. *Cracking Codes: The Rosetta Stone and Decipherment*. London: British Museum Press.

Philipsen, Gerry. 1997. A Theory of Speech Codes. In G. Philipsen and T. L. Albrecht (eds.) *Developing Communication Theories*. Albany: State University of New York Press, 119–56.

Pitman, K. B. E., Sir James, and John StJohn. 1969. *Alphabets and Reading*. London: Pitman.

Poole, Stuart C. 1999. *An Introduction to Linguistics*. Houndmills: Palgrave Macmillan.

Posener, Georges. 1956. *Littérature et politique dans l'Égypte de la XIIe dynastie*. (Bibliothèque de l'École des hautes études, 2007.) Paris: Honoré Champion.

Premi, Mahendra K. 2002. India's Literacy Panorama. Seminar on Progress of Literacy in India: What the Census 2001 Reveals. New Delhi: NIPA, 5 October 2002. www.educationforallinindia.com/page172.html.

Radford, Andrew, Martin Atkinson, David Britain, Harald Clahsen and Andrew Spencer. 1999. *Linguistics: An Introduction*. New York: Cambridge University Press.

Randall, Neil. 2002. Lingo Online. A Report on the Language of the Keyboard Generation. www.arts.uwaterloo.ca/~nrandall/LingoOnlinefinalreport.pdf.

Redd, Teresa, and Karen Schuster. 2005. *A Teacher's Introduction to African American English: What a Writing Teacher Should Know*. Urbana, IL: National Council of Teachers of English.

Roberts, Celia, and Brian Street. 1997. Spoken and Written Language. In F. Coulmas (ed.) *The Handbook of Sociolinguistics*. Oxford: Blackwells, 168–86.

Rodell, Fred. 1936. Goodbye to Law Reviews. *Virginia Law Review* 23, 38–45.

Rohlfs, Jeffrey. 1974. A Theory of Interdependent Demand for a Communications Service. *Bell Journal of Economics and Management Science* 5(1), 16–37.

Rosen, Harold. 1972. *Language and Class*. Bristol: The Falling Wall Press.

Rosowsky, Andrey. 2010. "Writing it in English": Script Choices among Young Multilingual Muslims in the UK. *Journal of Multilingual and Multicultural Development* 31, 163–79.

Sadovnik, Alan R. (ed.). 1995. *Knowledge and Pedagogy: The Sociology of Basil Bernstein*. Norwood, NJ: Ablex.

Sallabank, Julia. 2002. Writing in an Unwritten Language: The Case of Guernsey French. *Reading Working Papers in Linguistics* 6, 217–44.

Salomon, Richard. 1998. *Indian Epigraphy: A Guide to the Study of Inscriptions in Sanskrit, Prakrit and other Indo-Aryan Languages*. New Delhi: Vedams Books.

Sassoon, Rosemary. 1995. *The Acquisition of a Second Writing System*. Intellect.

Saussure, Ferdinand de. 1978. *Course in General Linguistics*. New York: Fontana/Collins. Trans. from the French (*Cours de linguistique générale*, 1972 [1916]) by Wade Baskin.

Schiffman, Harold. 1996. *Linguistic Culture and Language Policy*. London and New York: Routledge.

1997. Diglossia as a Sociolinguistic Situation. In F. Coulmas (ed.) *The Handbook of Sociolinguistics*. Blackwells, 205–16.

Searle, John. 2005. Language, Writing, Mind, and Consciousness. Children of the Code. Interview with John Searle, 29 June 2005. www.childrenofthecode.org/interviews/searle.htm#TechnologyModern%20Minds.

Sebba, Mark. 2007. *Spelling and Society*. Cambridge and New York: Cambridge University Press.

Serpell, Robert, Linda Baker, and Susan Sonnenschein. 2005. *Becoming Literate in the City: The Baltimore Early Childhood Project*. New York: Cambridge University Press.

Shakir, M. 1999. *The Holy Quran*. New York: Tahrike Tarsile Qur'an.

Shin, Sang-Soon, Don-Ju Lee and Hwan-Mook Lee (eds.). 1990. *Understanding Hunmin Jŏngŭm*. Seoul: Hanshin Publishing Co.

Shohamy, Elana, and Durk Gorter (eds.). 2009. *Linguistic Landscape: Expanding the Scenery*. New York and London: Routledge.

Simpson, J. 2002. Discourse and Synchronous Computer-mediated Communication: Uniting Speaking and Writing? In P. Thompson and K. S. Miller (eds.) *Unity and Diversity in Applied Linguistics*. London: Continuum, 57–71.

Smalley, William A. 1963. Writing Systems and Their Characteristics. In *Orthography Studies: Articles on New Writing Systems by William A. Smalley and Others*. London: United Bible Societies, 1–17.

Snow, Donald B. 2004. *Cantonese as a Written Language: The Growth of a Written Chinese Vernacular*. London: Edward Arnold.

Sola Pool, Ithiel de. 1984. *Technologies of Freedom*. Cambridge, MA: Harvard University Press.

Soriano, James. 2011. Language, Learning, Identity, Privilege. *Manila Bulletin*, 24 August.

Sparks, Colin. 1991. Goodbye, Hildy Johnson: The Vanishing "Serious Press". In P. Dahlgren and C. Sparks (eds.) *Communication and Citizenship: Journalism and the Public Sphere in the New Media Age*. London and New York: Routledge, 58–74.

Spolsky, Bernard. 2010. Jewish Religious Multilingualism. In Tope Omoniyi (ed.) *The Sociology of Language and Religion*. New York: Palgrave Macmillan, 14–28.

Spolsky, Bernard, and Robert L. Cooper. 1991. *The Languages of Jerusalem*. Oxford: Oxford University Press.

Statistics New Zealand. n.d. www2.stats.govt.nz/domino/external/web/nzstories.nsf/092edeb76ed5aa6bcc256afe0081d84e/2e308ada85f43864cc256b180004d7ba?OpenDocument.

Streeck, Wolfgang. 2010. *Taking Capitalism Seriously: Toward an Institutionalist Approach to Contemporary Political Economy*. MPIfG Discussion Paper 10/15. www.mpifg.de/pu/mpifg dp/dp10–15.pdf.

Street, Brian V. 1995. *Social Literacies*. London: Longman.

Taavitsainen, Irma, Gunnel Melchers and Päivi Pahta (eds.). 2000. *Writing in Nonstandard English*. Amsterdam: John Benjamins.

Tabouret-Keller, Andrée, R. B. Le Page, Penelope Gardner-Chloros and Gabrielle Varro (eds.). 1997. *Vernacular Literacy*. Oxford: Oxford University Press.

Tagliamonte, Sali A. and Derek Denis. 2008. Linguistic Ruin? LOL! Instant Messaging and Teen Language. *American Speech* 83(1), 3–34.

Tannen, Deborah. 1982. The Oral/Literate Continuum in Discourse. In D. Tannen (ed.) *Spoken and Written Language: Exploring Orality and Literacy*. Norwood, NJ: Ablex, 1–16.

Tanner, R. E. S. 2004. The Inequality of Unwritten Languages: Some Reflections on the Christian Use of the Vernacular in Eastern Africa. *Nordic Journal of African Studies* 13, 65–75.

Taylor, Insup, and M. Martin Taylor. 1995. *Writing and Literacy in Chinese, Korean and Japanese*. Amsterdam, Philadelphia: John Benjamins.

Tessarolo, Mariselda, and Gian Peder Pedrotti. 2009. Languages in the Canton of Grisons. *International Journal of the Sociology of Language* 199, 63–88.

Themistocleous, Christiana. 2010. Writing in a Non-standard Greek Variety: Romanized Cypriot Greek in Online Chat. *Writing Systems Research* 2, 155–68.

Thomas, Rosalind. 1992. *Literacy and Orality in Ancient Greece*. Cambridge: Cambridge University Press.

Tiersma, Peter M. 1999. *Legal Language*. Chicago and London: University of Chicago Press.

Trudgill, Peter. 1979. Standard and Non-standard Dialects in the United Kingdom: Problems and Policies. *International Journal of the Sociology of Language* 21, 9–24.

1992. *Introducing Language and Society*. London: Penguin.

Tulp, S. M. 1978. Reklame en tweetaligheid: Een onderzoek naar de geographische verspreiding van franstalige en nederlandstalige affiches in Brussel. *Taal en sociale integratie* 1, 261–88.

UNESCO. 1998. Bilingual Literacy and Reproductive Health. www.unesco.org/uil/litbase/?menu=4&programme=38.

2008. *Improving the Quality of Mother Tongue-Based Literacy and Learning: Case Studies from Asia, Africa and South America*. Bangkok: UNESCO.

UNESCO Institute for Statistics. 2006. http://portal.unesco.org/education/en/ev.php-URL_ID=40338&URL_DO=DO_TOPIC&URL_SECTION=201.html.

2010a. Global Education Digest 2010: Comparing Education Statistics Across the World. www.uis.unesco.org/template/pdf/ged/2010/GED_2010_EN.pdf.

2010b. Adult and Youth Literacy: Global Trends in Gender Parity. *UIS Fact Sheet, September 2010, No. 3*. www.uis.unesco.org/FactSheets/Documents/Fact_Sheet_2010_Lit_EN.pdf.

Unger, J. Marshall. 1996. *Literacy and Script Reform in Occupation Japan*. New York, Oxford: Oxford University Press.

United Nations. 1995. *The Global Platform for Action from the UN Fourth World Conference on Women*. New York: United Nations.

Unseth, Peter. 2005. Sociolinguistic Parallels Between Choosing Scripts and Languages. *Written Language and Literacy* 8(1), 19–42.

van der Sijs, Nicoline. 2004. *Taal als Mensenwerk. Het Ontstaan van het ABN*. Den Haag: Sdu Uitgevers.

van der Westen, Monique. 1994. Literacy Education and Gender: The Case of Honduras. In Ludo Verhoeven (ed.) *Functional Literacy: Theoretical Issues and Educational Applications*. Amsterdam, Philadelphia: John Benjamins, 257–78.

Verhoeven, Ludo. 1987. *Ethnic Minority Children Acquiring Literacy*. Dordrecht: Foris.

Vinaya Texts. Trans. from the Pali by Rhys Davids and Herman Oldenberg, Part III, The Kullavagga, IV–XII. Sacred Books of the East, vol. 20 [1885]. Oxford: The Clarendon Press.

Waldron, Arthur. 1990. *The Great Wall of China: From History to Myth*. New York: Cambridge University Press.

Wallace, Rex. 2005. *An Introduction to the Wall Inscriptions from Pompeii and Herculaneum*. Mundelein, IL: Bolchazy-Carducci Publishers.

Warner, Michael. 2002. *Publics and Counterpublics*. New York: Zone.

Webster, Noah. 1800 and after, various editions. *The American Spelling Book. Containing an easy standard of pronunciation, being the first part of a grammatical institute of the English language to which is added an appendix containing a moral catechism, and a federal catechism*. www.merrycoz.org/books/spelling/SPELLER.HTM.

Wheatman, Shannon R. and Terri R. LeClercq. 2011. Majority of Class Action Publication Notices Fail to Satisfy Rule 23 Requirements. *The Review of Litigation* 30(1).

Wiley, T. G. 1996. *Literacy and Language Diversity in the United States*. Washington, DC: Center of Applied

Linguistics and Delta Systems.

Willemyns, Roland. 2003. Dutch. In A. Deumert and W. Vandenbussche (eds.) *Germanic Standardizations: Past to Present*. Amsterdam: John Benjamins, 93–125.

Willms, J. Douglas. 1997. Literacy Skills and Social Class. *Options Politiques*, July/August, 22–6.

Wolfram, Walt. 1997. Dialect in Society. In F. Coulmas (ed.) *The Handbook of Sociolinguistics*. Blackwell, 107–26.

Woods, Anya. 2004. *Medium or Message: Language and Faith in Ethnic Churches*. Clevedon: Multilingual Matters.

Yates, Frances A. 1983. The Italian Academies. In *Collected Essays*, Vol. II: *Renaissance and Reform: The Italian Contribution*. London: Routledge & Kegan Paul, 6–29.

Zhao, Shouhui, and Richard B. Baldauf, Jr. 2011. Simplifying Chinese Characters: Not a Simple Matter. In J. A. Fishman and O. García (eds.) *Handbook of Language and Ethnic Identity*, Vol. II. Oxford, New York: Oxford University Press, 168–79.

Zipf, George Kingsley. 1949. *Human Behavior and the Principle of Least Effort: An Introduction to Human Ecology*. New York: Hafner.

译名表

译后记

在学术的道路上，总有很多前辈和好友一直鼓励我前行，给我各种帮助。感谢徐大明老师和方小兵老师给我这个珍贵的机会翻译库尔马斯教授的《文字与社会导论》（*Writing and Society: An Introduction*）。几年前我在澳门大学攻读博士学位的时候，在澳门大学图书馆发现这本书，并对文字的社会语言学研究产生了兴趣。虽然我一直没有见过库尔马斯教授本人，但是有幸通过他的文章、教材和专著一直与他进行思想上的交流。当方小兵老师打电话邀请我翻译这本专著的时候，我虽然立即高兴地答应了接受这一任务，但心里还是忐忑不安的。早在 20 世纪 50 年代，吕叔湘先生在《翻译工作和"杂学"》一文中强调翻译工作者应该具有渊博的知识才能胜任翻译工作。《文字与社会导论》的读者会发现这本书涵盖语言、历史、法律、宗教、科技等多个方面和英语、法语、日语、希腊语、拉丁语等多种语言，体现了库尔马斯教授在多个领域中广博的知识，但这也给译者的翻译带来了不小的挑战。我在翻译过程中努力做到忠实于原作，并参考了国内出版的一些相关译著和译文。对书中不确定的地方，我通过邮件多次询问库尔马斯教授，在此感谢库尔马斯教授耐心解答我的问题。完成初稿后，我又多次进行校对。感谢赵守辉老师帮我提供一些术语的翻译，也感谢方小兵老师帮我修改润色译文。特别感谢吉林大学的战菊老师和外语教学与研究出版社的张立萍编辑，她们认真审订本书，提出了许多宝贵的意见和建议，帮我少走了不少弯路。

感谢我的导师 Andrew Moody 和 Joseph Park，是他们引领我进入了社会语言学领域。感谢北京第二外国语学院英语系（现为英语学院）的王文炯老师、陈茂新老师、李孚声老师和傅伟良老师，澳门大学英语系的吴兆朋老师、张美芳老师、王宪老师和 Hari Venkatesan 老师，我是通过他们的翻译课程对翻译的理论和实践产生兴趣的。感谢华侨大学外国语学院的毛浩然教授、黄小萍教授、杜志卿教授和黄文溥教授，他们在科研和教学方面为我提供了不少便利。感谢我的家人，特别是我的老爸和老妈，儿子永远爱你们。

　　董乐山先生在《翻译的要求——与中青年翻译工作者谈经验》一文中指出，"即使是你以为一切都十分简单明白的时候，你稍不注意，就会出错。越是你自满的时候，越是你出错的时候"。由于种种原因，翻译过程中难免会出现错误。欢迎读者提出宝贵意见，我的电子邮箱是 yxmax1980@126.com。

阎喜

2018 年 7 月 1 日

于华侨大学新南小区人才公寓